*Dora Rappard* · Frohes Alter

# FROHES ALTER

Von

Dora Rappard

Mit Bildern von Rudolf Schäfer

BRUNNEN-VERLAG GMBH · GIESSEN/BASEL

ABCteam-Bücher erscheinen in folgenden Verlagen:
Aussaat- und Schriftenmissions-Verlag Neukirchen-Vluyn
R. Brockhaus Verlag Wuppertal
Brunnen Verlag Gießen (und Brunnquell Verlag)
Christliches Verlagshaus Stuttgart
(und Evangelischer Missionsverlag)
Oncken Verlag Wuppertal und Kassel

20. Auflage 1990


Umschlag: Helmut Pfindel
Herstellung: Ueberreuter, Wien
ISBN 3-7655-2633-9

# Inhaltsverzeichnis

# DORA RAPPARD

Das vorliegende Buch ist das letzte literarische Werk der Liederdichterin Dora Rappard, die im Jahre 1923 heimging zu ihrem Gott, der ihr ganzes Leben bestimmt hatte.

Am 1. September 1842 wurde sie auf der Mittelmeerinsel Malta geboren. Wenige Jahre später berief der deutsche König Friedrich Wilhelm IV. von Preußen ihren Vater, den Missionar Samuel Gobat, zum Bischof von Jerusalem. Gobat sollte die deutschen, englischen und arabischen Gemeinden in Palästina bei der türkischen Regierung vertreten und ihnen Anerkennung verschaffen.

So kam es, daß Dora Rappard ihre Kindheit in Palästina verbrachte. Mit zehn Jahren wurde sie dann mit ihrer Schwester nach Montmirail (Schweiz) geschickt, um dort die Internatsschule der Herrnhuter Brüdergemeine zu besuchen.

Schon damals zeigte sich ihre ungewöhnliche Begabung, besonders im musikalischen und literarischen Bereich. Ihre „wissenschaftliche“ Bildung bezeichnete sie selbst als „mangelhaft“, da ihre Schulausbildung bereits mit vierzehn Jahren abgeschlossen war. Aber Dora Rappard sprach immerhin vier Sprachen fließend und hatte sich durch das Lesen von Büchern eine gute Bildung angeeignet. Auch durch die vielen Kontakte ihres Vaters mit bekannten Persönlichkeiten (z.B. mit dem Wissenschaftler Konstantin Tischendorf, der im Katharinenkloster auf dem Sinai den berühmten Codex Sinaiticus, eine alte Bibelhandschrift, entdeckte) wurde sie stark geprägt.

Mit fünfzehn Jahren erlebte Dora Rappard ihre Bekehrung. Sie berichtet darüber in ihrer Biographie:

„Es war eine stürmische Nacht im Februar 1858. Der Wind heulte um unser Haus; ich dachte, es könnte niedergerissen werden. Und noch gewaltiger stürmte es in meiner Seele. Ängste der Hölle hatten mich getroffen; ich kam in Jammer und Not. Aber ich rief an den Namen des Herrn: O Herr, o Herr, errette meine Seele! Und sieh da, mitten in der größten Not trat ein längst bekanntes Wort vor meine Seele: Glaube an den Herrn Jesus Christus, so wirst du und dein Haus selig! Mein Ohr hörte keine Stimme, mein Auge sah kein Licht, meine Seele empfand keine besondere Regung; aber mein Glaube erfaßte fest und kühn das klare Wort des Evangeliums. ‚Herr, ich glaube, ja, ich glaube an dich, so bin ich gerettet!' In mir jubelte es. Und unmittelbar an dies erste Wort reihte sich ein zweites: Es ist vollbracht!"

Bis zum Jahre 1867 arbeitete Dora an der Schule für arabische Mädchen in Jerusalem, die ihr Vater gegründet hatte. Ihre Heirat mit dem Missionar Carl Heinrich Rappard, der einem alten Adelsgeschlecht entstammte, führte sie nach Alexandrien und Kairo. Doch schon 1868 wurde Carl Heinrich Rappard als Inspektor an das Prediger- und Missionsseminar nach St. Chrischona (Schweiz) berufen.

In den folgenden Jahren entwickelte sich Dora Rappard nicht nur immer mehr zur „Mutter" von St. Chrischona, sondern auch zur Liederdichterin und Schriftstellerin. Ihre Lieder wie „O du Lamm Gottes, du hast auf Golgatha herrlich gesieget ..." gehören noch heute zum kostbaren Liedgut der Gemeinschaftskreise. Große Ehrfurcht und tiefes Vertrauen zu dem gekreuzigten und auferstandenen Jesus Christus spiegeln sich in Dora Rappards Büchern wider. Ihre Verkündigung erstarrte nie in irgendwelchen Theorien, sondern ist lebensnah und praktisch, voll Wärme und Verstehen. Unter vielem anderen schrieb sie ein Andachtsbuch mit dem Titel „Sprich Du zu mir“ und ein Trostbuch: „Durch Leiden zur Herrlichkeit“.

Ihre Bücher sind immer noch erstaunlich „jung“, obwohl die Autorin schon seit 1923 nicht mehr lebt. Vielleicht deshalb, weil sie ein Mensch war, der stets vorwärts ging, der sich in jedem Lebensabschnitt neue Aufgaben zeigen ließ und der nicht versuchte, Dinge krampfhaft an sich zu fesseln. Dora Rappard war und blieb bis ins hohe Alter geistig beweglich, und deshalb mutet uns das, was sie sagt, gar nicht fremd und verstaubt an. Deshalb wurde bei der Neuherausgabe von „Frohes Alter“ auch nicht versucht, den Text dieses Buches in eine moderne Sprache zu pressen. Dadurch wäre zu viel von der persönlichen Ausstrahlung Dora Rappards verloren gegangen.

# IM HERBST DES LEBENS

> Jesu, treuster Freund von allen,
> mit dir will
> froh und still
> ich durchs Leben wallen.

Schön ist der *Frühling*. Wenn linde Lüfte über die ergrünenden Wiesen wehen, wenn silbergraue Weidenkätzchen am Waldrand blinken, wenn die Knospen an den Bäumen schwellen und Tausende von Blumen ihre freundlichen Gesichtchen aus der schützenden Erdhülle hervorheben, dann atmet alles Leben, junges, frisches Leben.

Aber schön ist auch der *Herbst*. Noch glänzt es auf den Fluren in sattem Grün. Das goldene Korn ist geborgen, und die Stoppelfelder sind durch des Landmanns Fleiß rasch umgewandelt worden in tiefbraunes, furchenreiches Ackerland. Die süßen, reifen Früchte sind eingeheimst, und über die Erde lagert es sich in sanfter, wohliger Ruhe. Die Bäume prangen in unvergleichlicher Schönheit. Allenthalben schimmert und glüht es von Gold und Purpur. Und ist es auch nur ein Sterben, wenn Wald und Flur so farbenprächtig prangen, so offenbart sich doch die Wirkung des Lebens und zugleich die Gewißheit eines wiederkehrenden Lenzes.

Der *Mai des Lebens* ist von vielen Dichtern mit begeisterten Worten besungen worden, und mit Recht; denn Gott hat den Menschen zur Freude geschaffen, und er, der gütige Urheber alles Lebens und aller Liebe, nimmt den jubelnden Dank seiner Menschenkinder mit Wohlgefallen an.

Aber der *Herbst des Lebens* hat auch seine Lieder.

Dem lauschenden Ohre tönen sie tausendfach entgegen in einzigartiger Harmonie. Die tiefen Mollakkorde, die durch die Seele ziehen wie das Echo eines leisen Miserere, lösen sich wunderbar auf in ein klares, volltönendes Jubilate und klingen aus in den sanften Himmelsstimmen: „Amen! Halleluja!"

Von solchen Klängen eines *frohen Alters* möchte dies Büchlein etwas sagen, dem großen Meister zu Ehren, vielleicht etlichen Mitgenossen zur Freude.

*

*Wann fängt das Alter an?* Der Zeitpunkt ist nicht so einfach zu bestimmen wie der Herbstanfang des Kalenderjahres. Aber wir gehen nicht fehl, wenn wir uns anlehnen an die Zahlen, die Mose, der Mann Gottes, in seinem herrlichen Psalm bezeichnet hat: „Unser Leben währet siebzig Jahre, und wenn es hoch kommt, so sind es achtzig Jahre" (Ps. 90, 10). Bei einigen Menschen wird es früher Herbst als bei anderen; Temperamentsanlage, Kränklichkeit, Herzeleid graben ihre Runen in das innere und äußere Leben. Aber in einem Stück geht es bei allen gleich: das Alter tritt immer leise und unvermerkt heran. Die Zwanzigjährigen finden die Fünfzigjährigen alt; wenn sie aber selbst an die Fünfzig gelangen, so fühlen sie sich ganz jung und unverändert. — Ein Freund erzählte uns, wie er einst in einer Bahnhofswirtschaft, auf seine Mittagssuppe wartend, von einer Anzahl Studenten überrascht wurde, die lärmend eine Erfrischung verlangten. „Bitte, warten Sie, bis ich den alten Herrn bedient habe!" sagte die freundliche Wirtin. Einen alten Herrn zu treffen, war für unseren Freund eine angenehme Aussicht, und er stand auf, ihn zu suchen. Aber es war niemand da, und er wurde gewahr, daß — er selbst der „alte Herr“ sei, auf den so wohlwollende Rücksicht genommen werden sollte. Das war für ihn eine verblüffende Offenbarung.

Ist es dem einen oder anderen von uns etwa ähnlich ergangen? Mußten wir es durch andere erfahren, daß wir zu den Alten zählen? Und war uns das vielleicht etwas peinlich und unangenehm? Es brauchte es nicht zu sein.

Denn das Alter wird sowohl durch die Heilige Schrift als auch nach dem natürlichen Gefühl des Menschen als ein *Segen Gottes*, als ein *Glück* angesehen. Und es ist es auch. Welch eine Summe von göttlichen Wohltaten birgt ein langes Leben! Wie ist es so reich an erfahrenen Freuden und an durchgekämpften Leiden! Welch ein Schatz von Erinnerungen ist im Gedächtnis aufgespeichert! Wie fühlt man sich bei allem persönlichen Unwert doch gehoben und bevorzugt als ein Denkmal von Gottes Treue und Gnade!

*

Prächtige *Vorbilder* des Alters zeichnet die Heilige Schrift: einen *Mose*, dessen Augen nicht dunkel wurden, und dessen Kraft nicht verfiel (5. Mose 34, 7). Einen *Kaleb*, der seinem Kampf- und Glaubensgenossen Josua so fröhlich bezeugte: „Siehe, ich bin heute fünfundachtzig Jahre alt und bin noch heutigestages so stark, als ich war des Tages, da mich Mose aussandte“ (Jos. 14, 10. 11). Einen *Simeon*, der nach langem, sehnlichem Warten die Versiegelung seines Glaubens erlebte und den Heiland der Welt in die Arme schließen durfte (Luk. 1, 25—32). Eine *Hanna*, die als echte Witwe nimmer vom Tempel kam und Gott mit Fasten und Beten Tag und Nacht diente (Luk. 2, 37). Einen *Johannes,* der noch im hohen Alter, mit der brennenden Heilandsliebe im Herzen, nicht müde wurde, seine „Kindlein" zu ermahnen: „Lasset uns untereinander liebhaben; denn die Liebe ist von Gott, und Gott ist Liebe" (1. Joh. 4, 7. 8).

Auch mit feinen, starken *Worten* gedenkt die Bibel des Alters und der Alten. „Vor einem grauen Haupte sollst du aufstehen und sollst die Alten ehren!" ist eine ausdrückliche Verordnung Gottes an sein auserwähltes Volk (3. Mose 19, 32).

„Graue Haare sind eine Krone der Ehren, die auf dem Wege der Gerechtigkeit gefunden wird", sagt der weise Salomo in seinen Sprüchen (Kap. 16, 31). Und aus derselben Feder fließt die poesievolle Beschreibung des hohen Alters, die so zart und schön ausklingt in den Worten: „. . . ehe denn der silberne Strick wegkomme und die güldene Schale zerbreche und der Eimer zerfalle an der Quelle und das Rad zerbrochen werde am Born. Denn der Staub muß wieder zu der Erde kommen, von der er genommen ist, und der Geist wieder zu Gott, der ihn gegeben hat." (Pred. 12, 2—7). Salomo allerdings spricht nicht von einem *„frohen Alter"*, sondern nennt diese Zeit „die bösen Tage und die Jahre, davon man sagt: sie gefallen mir nicht". Armer Salomo! Die Eitelkeit der Eitelkeiten hatte ihn betört und warf nun auf sein Alter ihren düsteren Schatten.

„Aber die auf den Herrn hoffen, die werden nicht fallen, sondern ewig bleiben wie der Berg Zion" (Ps. 125, 1). Kostbar sind die Verheißungen, die Gottes Wort für sie enthält im Blick auf die Tage des Alters: „Die gepflanzt sind in dem Hause des Herrn, werden in den Vorhöfen unseres Gottes grünen. Und wenn sie gleich alt werden, werden sie dennoch blühen, fruchtbar und frisch sein, daß sie verkündigen, daß der Herr so fromm ist, mein Hort, und ist kein Unrecht an ihm" (Ps. 92, 14—16). Und durch Jesaja läßt der Herr seinem Volk sagen: „Höret mir zu, die ihr von mir *getragen* wurdet von Mutterleibe an! Ich will euch tragen bis ins Alter und bis ihr grau werdet. Ich will heben, tragen und erretten" (Kap. 46, 3. 4).

Beim Schreiben dieser Zeilen zieht es mich in ganz besonderer Weise zu den einsamen und in mancherlei Leid geprüften Altersgenossen. Nie haben wir des allmächtigen Heilands und Helfers mehr bedurft als eben jetzt. Ich möchte so gern die Blicke meiner Leser ablenken von sich und hinweisen auf den großen Hohenpriester, der Mitleiden haben kann mit unserer Schwachheit, weil er versucht war allenthalben gleich wie wir, doch ohne Sünde. Er erscheint vor Gott für uns und trägt die Namen der Seinen in sein Herz eingegraben. Er lebt immerdar und betet für uns.

Und noch mehr als das. Durch seinen Heiligen Geist ist er selbst uns nahe. Beim Scheiden von der Erde gab er seinen Jüngern aller Zeiten die wunderbare Zusicherung: „Siehe, ich bin bei euch alle Tage bis an der Welt Ende!"

Und was er verheißen, er hat es erfüllt,
den Seinen ist immer er nah;
und ist auch sein Angesicht uns verhüllt,
er ist wahrlich dennoch da.

Am Tage der Freude, am Tage der Pein,
am Tage des rastlosen Tuns,
am Tage, da alle uns lassen allein:
Immanuel ist mit uns!

Mit einem *solchen* Herrn und mit *solchen* Verheißungen, die wie ein fester Stab den alternden Pilgrim stützen, läßt es sich getrost das letzte steile Stücklein Weges erklimmen.

Mit der Ewigkeit im Herzen ist auch der Herbst des Lebens voll treibender Kräfte. So fahrt denn hin, ihr lieblichen Blüten des Mai! In der Erinnerung genießen wir noch dankbar euren süßen Duft. Fahrt hin, ihr goldenen Früchte des Sommers! Noch laben wir uns an eurer Fülle und eurem Wohlgeschmack. Aber wir sehnen euch nicht zurück. Denn das Beste ist uns geblieben, und das Allerbeste steht uns noch bevor. Sollten wir dessen nicht *froh* sein?

# DIE QUELLE DER FREUDE

Der du des Himmels Himmel bist,
der Freude Born, Herr Jesu Christ,
wohn du in mir!

Ein *frohes* Alter ist ein Alter, in dem trotz aller Lust und allen Leids der Erde die Freude vorherrscht. Ich liebe den Ausdruck „*froh*". Er klingt so frisch und frei, so jugendlich und rein. Es ist nichts Überschwengliches darin, nichts Gemachtes. Man wird unwillkürlich gemahnt an ein Kind, das, ohne im geringsten *an sich zu denken,* in Einfalt genießt, was ihm der Eltern Liebe darreicht und erlaubt.

Ein wohlgeartetes Kind ist aber nur dann ganz froh, wenn es in der Nähe des Vaters oder der Mutter ist und sich von ihnen behütet und geleitet weiß. So ist es auch in dem Verhältnis des Menschen zu seinem Gott. Der Mensch, von Gott geschaffen und auf Gott veranlagt, *kann* ohne Gott nicht wahrhaft glücklich sein. Das bekannte Wort Augustins: „Herr, du hast uns für dich geschaffen, und unser Herz ist ruhelos, bis es ruhet in dir!" ist von Tausenden bestätigt worden, die diese Ruhe fanden. Wir können das Bekenntnis umschreiben: Unsere Seele dürstet nach Freude, und dieser Durst wird nicht gelöscht, bis wir dich, die Quelle der Freude, gefunden haben.

Manche wollen diese Behauptung nicht gelten lassen, sie fühlen sich auch ohne Gott recht wohl und fröhlich in der Welt. Die Beschäftigungen und Vergnügungen der Erde erfüllen ihre Sinne und gewähren ihnen oft jahrelang Glück und Befriedigung. Aber können sie auch das Alter froh machen? Können sie Schmerz und Leid überdauern und überwinden? Können sie die Nacht der Trauer erhellen? Können sie überhaupt je wahre, tiefe Freude geben? Es ist unmöglich.

Einer, der unter den Fröhlichen der Fröhlichste sein konnte, hat das Bekenntnis hinterlassen:

„Ich hab' zeitlebens Glück gehabt,
doch glücklich bin ich nie gewesen."

Und Schiller, einer der Größten und Gefeiertsten unter den Menschen, hat einmal gesagt, wenn er die Stunden zusammenzähle, da er in seinem langen Leben wirklich froh gewesen sei, so komme es auf wenige Tage hinaus. Von ihm stammt das erschütternde Bekenntnis:

„Da steh' ich schon an deiner finstern Brücke,
furchtbare Ewigkeit.
Ich bringe meinen Vollmachtsbrief zum Glücke,
ich bring' ihn unerbrochen dir zurücke,
ich weiß nichts von Glückseligkeit."

Wie anders klingt das Lied Paul Gerhardts:

„Mein Herze geht in Sprüngen
und kann nicht traurig sein,
ist voller Freud' und Singen,
sieht lauter Sonnenschein.

Die Sonne, die mir lachet,
ist mein Herr Jesus Christ;
das, was mich singen machet,
ist, was im Himmel ist."

Und köstlich ist das Zeugnis eines hochgestellten und gebildeten Mannes: „Ich habe in meiner Jugend die Freuden und Genüsse der Welt in reichem Maße gekostet. Aber Freunde, glaubt mir, sie sind nichts im Vergleich zu einem Augenblick der wahren Gemeinschaft mit Christo."

Lobgesang:
Ich singe dir mit Herz und
Mund,
HErr, meines Herzens Lust;
Ich sing und mach auf Er-
den kund
Was mir von dir bewußt.
R.S.

Was macht den Unterschied?

*Es ist die Stellung des Herzens zu Gott.* Nur die wahre, vom Heiligen Geist gewirkte Vereinigung mit Gott in unserm Herrn Jesus Christus macht den Menschen wirklich frei und froh.

Was dieses Einssein mit Gott hindert, ist die *Sünde.* Die Sünde muß erkannt, vergeben und hinweggetan werden; dann erst wird das Gewissen frei und das Herz wahrhaft froh. Ergreifend ist ein Zeugnis, das der edle Basler Ratsherr Adolf Christ einst vor dem versammelten Großen Rat abgelegt hat. „Es gibt eine Sache", sagte er, „die tief ins Gewissen hineingeht. Erinnern Sie sich, meine Herren, an die Beschreibung des neusten Bildes des Malers Lessing? Der Künstler stellt die Frau und Mitschuldige des Königsmörders Macbeth dar, wie sie den *unvertilgbaren Blutfleck* an ihrer Hand in nachtwandelndem Zustande wegbringen will und dabei in die merkwürdigen Verzweiflungsworte ausbricht: ‚Arabiens Wohlgerüche alle, sie waschen diese Hand nicht rein!' Ein solcher Fleck, meine Herren Großräte, ist die *Sünde.* Uns allen klebt sie tief an, und ebenso tief ist die Sehnsucht, diesen Fleck loszuwerden, ihn rein zu waschen."

Wahrlich, man braucht vor keinem irdischen Gericht gestanden zu haben, man braucht keine Blutschuld auf dem Gewissen zu haben, man kann vor den Menschen im hellen Glanze des Ehrenmannes dastehen, und doch — man trägt im Innern das zentnerschwere Bewußtsein, daß man nicht bestehen kann vor dem Auge des ewigen Gottes, der in das Verborgene blickt. Man will den Flekken wegbringen, aber man übertüncht, man bemalt ihn bloß. Man sucht ihn zu vergessen, und doch wälzt sich immer wieder die Last des *Nichtbestehenkönnens* vor dem heiligen Gott aufs Herz. Wie köstlich aber, wenn hier der gläubige Christ sagen kann: „*Ich preise Gott, der mir durch das Blut Jesu Christi vergeben hat*"!

Ja, Vergebung der Sünden muß der Mensch haben, um wahrhaft glücklich zu sein! Erst als das Volk Israel aus der Knechtschaft Ägyptens erlöst war, konnte es singen. Aber Gottes Liebe gibt ihm noch mehr. Noch tiefer reicht seine Gnade. Die Priester Israels wurden zuerst besprengt mit Blut und dann gesalbt mit Öl. Und das priesterliche Volk des Neuen Bundes, das die Reinigung im *Blute Jesu* als sein köstlichstes Gut erfahren hat, darf und soll auch in aller Demut die *Salbung* mit dem Heiligen Geiste, das göttliche Öl der Freude und des Friedens haben.

Diese Schätze sind für alle da, die sie mit Ernst suchen. Wer Jesum hat, hat Leben und volle Genüge.

*

Wenn ich von der Freude im Herrn rede, tritt mir unwillkürlich das Bild eines Mannes vor Augen, dessen Leben voll Leiden und doch bis ins Alter voller Freude war: Inspektor Reinhard Zeller von Beuggen (1824 bis 1891), mein lieber, verehrter Oheim. Während mehr als dreißig Jahren hat er trotz überaus schmerzlicher Krankheit (Gelenkrheumatismus) sein Amt verwaltet und seine Arbeit getan mit immer gleichbleibender Zuversicht und Geduld. Wenn man ihn besuchte, hörte man nie ein Wort der Klage; sein Mund floß über vom Lobe Gottes.

Ich durfte einmal eine fürstliche Frau begleiten, die ihn zu sehen wünschte. Durch die lange Krankheit früh gealtert, unfähig, sich zu erheben und auch nur sich zu bewegen, saß der liebe Mann still in seinem Lehnstuhl. Der edlen Frau, die ihn in der Jugend einmal gesehen hatte und sich der raschen Bewegungen seines elastischen Körpers wohl erinnerte, traten Tränen in die Augen, und fast schluchzend rief sie: „Ach Reinhard, daß ich Sie so wiedersehen muß!“ Er aber schaute sie leuchtenden Auges an und sagte: „O, wenn Ihre Königliche Hoheit nur wüßte, was für ein *glücklicher Mensch ich bin!*“ Das war ein Zeugnis, das tiefen Eindruck machte auf eine Seele, die trotz allen äußeren Glanzes arm und tieftraurig war.

Bei einem meiner letzten Besuche sprach der liebe Onkel Worte, die so klar den Weg zu solcher Glückseligkeit zeigen, daß ich sie gern hierher setze. Er sagte: „Beim Scheiden vom Elternhause gab ich meinem Vater das Versprechen, täglich in der Bibel zu lesen. Das war mir anfangs eine trockene Sache, die ich nur aus Gehorsam tat. Aber einst ging mir ein Sternlein auf, wahres, wesentliches Licht, Licht von oben. Und dann folgte Stern auf Stern. Eine Gotteswahrheit um die andere ging mir auf, Wahrheiten über mich selbst und meine Sünde und Wahrheiten über meinen Herrn und seine Gnade. Ja, die Sonne selbst ging mir auf, die wesentliche Sonne, mein Herr und mein Gott! O, was für ein *glückseliger* Mensch bin ich da geworden!“

Auch bei diesem Besuch war ein Fremdling mit dabei, ein schwergeprüfter, gottsuchender Offizier, von dem wir hofften, daß der treue Knecht Gottes ihm den Weg zum Trost und zur Freude würde zeigen können. Nach den ersten Begrüßungen wandte der Inspektor sich freundlich an den Gast mit der Frage: „Haben Sie eine Familie?“

„Meine Frau ist tot.“

„Und Kinder?“

„Nein!“

„Also einsam?“

„Ganz einsam!“

Das klang alles hart und bitter; es bekümmerte offenbar den lieben Kranken sehr. Voll inniger Teilnahme sagte er weiter: „Lieber Herr Major, ich möchte Sie fragen — oder greife ich etwa zu hoch? Sind Sie bei aller Einsamkeit *verbunden, vermählt* mit dem Herrn Jesus Christus? Er kann die tiefste Einsamkeit versüßen durch seine Gegenwart.“

Die Antwort veranlaßte den Onkel, auf ein anderes Thema überzugehen. Als wir später allein waren, sagte er, auf jenes Gespräch zurückkommend: „Ich fürchte, er hat mich nicht verstanden. Es war vielleicht zu früh, mit ihm zu reden von solch inniger Verbindung mit dem Herrn Jesus. Aber ich denke, es kann ihm nicht schaden, das Ziel erblickt zu haben, nach dem wir alle streben dürfen und sollen, nämlich *das wahre Einssein mit dem Herrn.* Es soll doch keines von uns ruhen, bis es auf diesen seligen Höhenweg der wahren Gottesgemeinschaft gelangt ist. O, nur nicht in den Niederungen bleiben! Nur kein halbes Wesen! Es gilt freilich durchzubrechen, aufwärtszudringen. Aber ist man einmal durch völlige Übergabe an Gott und durch völligen Glauben auf diese gesegnete Hochbahn gelangt, die eigentlich das einzig wahre christliche Leben ist, dann geht es viel gerader und auch leichter weiter bis ans Ende. Und dann gibt es noch einmal einen letzten Aufstieg. Dann ruft der Herr: Jetzt komm herauf zu mir ins Vaterhaus, wo ich dir die Stätte schon bereitet habe!“

Alle diese köstlichen Worte, die ich damals gleich niederschrieb, sind mehr als bloße Erinnerungen. Es sind Weck- und Lockstimmen, die ich hiermit gern weitergebe, damit sie auch anderen den Weg weisen zur *Quelle der Freude.*

*

Nicht bei allen lebendigen Christen tritt die Freude in solcher Frische und Fülle hervor. Gott führt die Seinen ganz individuell. Er kennt ihr Temperament, ihre Bedürfnisse, auch ihre Gefahren. Aber ein still verborgenes Freudenbächlein fließt im Herzen aller derer, die in Wahrheit mit der Quelle verbunden sind. Auch in Zeiten schmerzlichster Prüfung versiegt es niemals ganz.

„Schmecket und sehet, wie freundlich der Herr ist!" ruft uns der königliche Sänger zu. Mit Bedacht fügt er aber hinzu: *„Wohl dem, der auf ihn trauet!"* Schmecken und Sehen ist köstlich; aber Gefühle können schwanken. Es gilt auf den unerschütterlichen Felsengrund bauen allezeit und dem Herrn *vertrauen.*

Eine betagte Christin wurde nicht lange vor ihrem Heimgang gefragt: „Mutter, fühlst du, daß der Herr dir nahe ist?" Mit einem frohen Lächeln antwortete sie: *„Ich fühle* es nicht in besonderer Weise, *aber ich weiß es."*

Das ist *Freude!*

# JUNG BLEIBEN

Weiß ist das Haar, gebeugt ist die Gestalt.
Die Jahre sagen's mir, ich werde alt;
mein Herz, es bleibet jung.

*„Tue immer das Wichtigste zuerst!"* Das ist eine gute und praktische Regel sowohl für das irdische wie für das geistliche Leben. Dieser Regel wollte ich nachkommen, als ich beim Schreiben dieses Buches das voranstellte, ohne das ich mir schlechterdings kein frohes Alter denken kann: die Freude im Herrn, *die Gemeinschaft mit Gott.*

Aber auch andere Winke, Ermahnungen und Beobachtungen, die mir selbst Nutzen gebracht haben in den Jahren, da das Alter sich leise heranschlich, möchte ich meinen lieben Weggenossen mitteilen in der Hoffnung, daß das, was mir geholfen hat, auch anderen helfen könne.

*

Über die weiten Almen des Chasseral wanderte einst eine kleine Gesellschaft, die sich im nahen Freundeshause zusammengefunden hatte. Wie frisch und würzig war die Luft, wie wundervoll jede mächtige Tannengruppe, die sich mit ihrem dunklen Geäst vom smaragdgrünen Wiesengrunde abhob! Wie herrlich strahlte die Sonne von ihrem blauen Gezelt herab auf unseren lieben alten Jura, seine eintönigen Umrisse farbenprächtig belebend! Aus der Ferne des Westalpengebietes grüßten die prächtigen Zacken der Altels in rosigem Glühen. Wir waren ganz hingenommen von der Schönheit, die uns umgab.

Allen voran schritt eine zweiundsiebzigjährige Dame. Sie kannte jeden Weg und Steg und machte uns auf verschiedene Aussichtspunkte aufmerksam. Sie war viele Jahre älter als ich, und neben all dem Genuß, den die Natur uns bot, konnte ich nicht anders als auch die greise Führerin bewundern, die ihr Heimatland so gut anzupreisen verstand.

„Was muß man nur machen, um so jung zu bleiben?“ fragte ich sie.

Da blitzte es fast schelmisch auf in ihren blauen Augen, und sie sagte:

*„Man muß nur nie aufhören!“*

Ich verstand sofort, daß es sich hier nicht nur um schöne Spaziergänge, sondern um prinzipielle Dinge handle. Zwar sprach sie auch von dem Nutzen körperlicher Bewegung und erzählte, wie sie, die Kinderlose, nach dem Tode ihres Gatten eine Zeitlang alle Ausgänge eingestellt, aber dann bald gemerkt habe, daß dies ihre innere und äußere Gesundheit beeinträchtigte. Dann habe sie sich aufgerafft, ihren Wanderungen feste Ziele gegeben, sie zu Gelegenheiten der stillen Sammlung und des Wohltuns gemacht und so nach und nach die alte Frische wiedererlangt. *„Was man beim Älterwerden einmal aufgibt“*, sagte sie, *„das nimmt man sehr schwer wieder auf.* Weitermachen, solange man kann, das erhält Leib und Seele jung.“

Als ich sie später noch besser kennenlernte, merkte ich, wie sie diesen Grundsatz auf mancherlei Weise befolgte. Von spätem Aufstehen oder gar Im-Bett-Frühstücken wollte sie nichts wissen, solange man noch gesund sei. Das Alter sei keine Krankheit, sagte sie. Gerade in diesem Stück lasse man sich leicht gehen, wenn keine besondere Pflicht rufe.

In der Stadt, in der sie wohnte, hatte sie ein kleines Liebeswerk ins Leben gerufen. In einer großen Stube kamen unbemittelte Frauen, meistens Mütter, zusammen, um entweder bezahlte Arbeit zu tun oder ihre eigne Wäsche unter guter Leitung zu flicken. Die alte Dame hatte dafür eine Gehilfin, nahm sich aber selbst aller Dinge eingehend an und weilte gern in der Mitte der fleißigen Näherinnen, um sie kennenzulernen und zu ermuntern. Auch in diesem Stück blieb sie jung und hörte mit ihrer Liebesarbeit nicht auf, bis der Herr sie heimrief.

Es wolle niemand in den schlichten Worten der Vollendeten eine starre Regel sehen, sondern nur einen freundlichen Wink. Mir hat er sehr gedient. Mehr als einmal, wenn in späteren Jahren diese oder jene Pflicht mir lästig werden wollte, meinte ich die liebe Stimme zu hören, die mir an jenem Sommerabend im Jura so freundlich zurief: „Nicht aufhören! Solange wie möglich weitermachen!“

Nahe verwandt mit dieser Mahnung ist eine andere: Habe stets

*eine befriedigende Tätigkeit!*

So schmerzlich es ist, wenn alte Leute mit Arbeit überbürdet sind, so wichtig ist es doch für ihr inneres und äußeres Wohl, daß sie immer eine Beschäftigung haben, die ihren Geist erfüllt und ihnen die nötige Abwechslung und Anspannung ihrer Kräfte bietet. Es ist manchen ganz unmöglich, gerade auf dem Gebiete „weiterzumachen“, das ihr Leben früher erfüllte; man denke nur an vielbeschäftigte Hausmütter, an Männer und

Frauen, die wichtige Ämter bekleideten, usw. Aber irgendeine Arbeit, die uns bindet und in *einer gewissen Zucht hält,* sollten wir immer zu haben suchen.

Ein bedeutender Arzt hat es einmal ausgesprochen, daß viele seiner alternden Patienten gar keine Patienten wären, wenn man sie nicht aus lauter Sorgfalt allzufrüh zur Untätigkeit verurteilt hätte.

Es gibt allenthalben so viel zu tun, Großes und Kleines, daß sich für jede willige Hand eine Aufgabe findet, und es ist köstlich, sich für diese Aufgabe leiten zu lassen von dem Herrn, der uns durch und durch kennt und seine Kraft in unserer Schwachheit mächtig sein läßt.

Ein erfahrener Lehrer hat einmal gesagt: „Der Mensch bleibt jung, solange er

*lernen, neue Gewohnheiten annehmen und Widerspruch ertragen kann.*"

Es liegt viel Lebensweisheit in diesen Worten.

*Lernen* steht im Gegensatz zu trägem Stillstand. Es bedeutet: sich entfalten, Neues aufnehmen und sich aneignen können. Der Baum, auch der alte Baum, setzt immer neue Blätter und Zweige an und bleibt frisch und grün. Es ist kostbar, daß auch im Alter die Lust und die Fähigkeit zum Lernen noch vorhanden ist, ja, sich sogar mit mehr Klarheit und Begierde regt als zuvor. O welche Horizonte eröffnen sich dem denkenden, nach Vollkommenheit ringenden Geiste! — Vor allem sind es die Wasserbäche aus Gottes Wort, die dem Christen immer neue Nahrung und Erfrischung bringen, wie es der erste Psalm so wunderschön beschreibt. Ein alter, ehrwürdiger Herr aus unserem Bekanntenkreise führte dies Lernen in ganz buchstäblicher Weise durch, indem er jeden Morgen eine Bibelstelle *auswendig* lernte, um sie tagsüber *inwendig* zu bewegen. Kürzlich erhielt ich Nachricht von einem siebzigjährigen Freunde, einem pensionierten Lehrer, der eben dabei ist, den ganzen Römerbrief auswendig zu lernen, und ungemein viel Freude und Förderung dabei findet.

*Neue Gewohnheiten annehmen können,* so haben wir gehört, sei ebenfalls ein Zeichen jugendlicher Frische. Diese Bemerkung bezieht sich selbstverständlich nicht auf jene *heiligen Gewohnheiten der Seele,* die eine so bedeutsame Wirkung haben (Hebr. 5, 14), und die wir darum auch im Alter treulich pflegen sollten. Es handelt sich hier um mehr äußerliche Dinge. Man lächelt mit Recht über alternde Leute, die in pedantischer Weise darüber wachen, daß in ihren Wohnräumen, ihrer Lebensweise und ihren Gebrauchsgegenständen sich ja nichts ändert. Hüten wir uns vor solch kleinlichem Wesen! Gewiß hat jedermann das Recht, seine Gewohnheiten nach Wunsch und Bedürfnis zu ordnen; aber er hat zugleich die Verpflichtung, anderen Menschen gegenüber gefällig und geschmeidig zu sein und nicht um kleinerer Dinge willen das große Gebot der Liebe zu verletzen. Solche Geschmeidigkeit gehört zu der Charakteristik der Jugend.

*Widerspruch ertragen zu können,* ist eine Kunst bei Jungen und Alten. Ich hätte sie von mir aus wohl kaum als ein Merkmal jugendlichen Sinnes angeführt; denn nach meiner Erfahrung gehört eher eine gewisse Reife dazu, um sich durch Widerspruch weder ärgern noch mutlos machen zu lassen. Doch habe ich mir jene Bemerkung je und je zunutze gemacht und gebe sie gern weiter.

Noch ein Gedanke sei mir etwas ausführlicher darzulegen erlaubt. Jung und frisch im besten Sinne des Wortes erhält uns alternde Leute

*der Umgang mit der Jugend.*

Dieser vollzieht sich zunächst in sehr natürlicher Weise da, wo Enkelkinder den Familienkreis beleben. Eine schöne Aufgabe fällt den Großeltern zu. Welch tiefe Erinnerungen graben sich ein in das empfängliche Kindesherz! Wie wohl tut es den jungen Familiengliedern, jemand zu haben, dem sie ihre Erlebnisse haarklein erzählen können, jemand, der Zeit hat, alles anzuhören und zu bewerten! Welch gute Gelegenheit ist es, etwas von der Freundlichkeit Gottes auszustrahlen! Und wie manchen anschaulichen biblischen Unterricht verdanken Kinder ihren Großeltern! Gewiß hat Timotheus davon zu sagen gewußt, wie fein die ehrwürdige Lois ihn in die Kenntnis der heiligen Schriften eingeführt hat.

Aber ich denke nicht zumeist an Kinder, wenn ich von der Jugend rede. Es schweben mir junge Männer und junge Mädchen vor, die in der Sturm- und Drangperiode ihres Lebens stehen und instinktiv nach etwas Starkem und Fertigem sich sehnen. Wie köstlich ist es, solchen eine helfende Hand bieten zu dürfen! Ergreifend sind die Schlußzeilen eines Gedichts, das ein überaus fröhlich scheinender Student seiner alternden Tante einst widmete:

„Und oftmals zieht ein innig heißes Sehnen
durch meine Brust in stillen, weichen Stunden;
drum lehnt sich auch mein Herz, das ruhelose,
so gern an deines, das die Ruh' gefunden."

Das Alter und die Jugend ergänzen sich vortrefflich. Die Jungen brauchen uns, wiewohl viele, namentlich in unserer Zeit, davon nichts wissen wollen. Wir aber sollen es wissen und uns durch Mißerfolge nicht einschüchtern lassen. Und wir brauchen die Jungen. Sie müssen uns stützen und anspornen. Wir müssen trachten, sie zu verstehen und in ihre Gedanken und Ideale einzugehen, um sie auch in unsere durch Kampf und Not gereiften Ideale einzuführen. Wir müssen mithelfen, daß die in das Vordertreffen rückenden Truppen für ihre Aufgabe ausgerüstet sind.

Wundervoll kann sich die Freundschaft gestalten, die einen alten, geliebten Lehrer mit seinen einstigen Schülern verbindet.

Der vorhin schon genannte Timotheus mag uns auch in seinem Verhältnis zu seinem geistlichen Vater Paulus ein schönes Vorbild sein.

Aus persönlicher Erfahrung kann ich es dankbar bestätigen, wie fruchtbar und lieblich *für beide Teile* der Verkehr einer alten Freundin mit jungen Mädchen sein kann. Man lebt gewissermaßen seine eigne Jugendzeit mit allen ihren Hoffnungen und Gefahren wieder mit. Die Erinnerung an eigne Kämpfe, an so manche Sünden und Schwachheiten macht das Verständnis für die Schwierigkeiten, in denen die Jüngeren gerade stehen, lebendig und wahr. Das treibt in die Fürbitte. Man empfindet das heiße Verlangen, diese frischen Menschenblüten durch den Wind von oben berührt zu wissen, damit sie zu reifer Frucht gedeihen in Gottes Garten.

Ganz unbewußt und unbeabsichtigt macht solche lebendige Berührung mit der *Jugend* unser *Alter* reich und *froh*.

# ZURÜCKTRETEN

Wir ziehen unsere Kinder groß;
Gott zieht die Seinen klein.

Wir sagten jüngst, daß das *Fortfahren* in allen guten und heilsamen Übungen den alternden Leuten sehr wohl anstehe und sie jung und frisch erhalte. Heute klingt ein ganz anderer Ton uns entgegen. Zurücktreten heißt er, aufhören, Arbeit niederlegen, ausruhen! Das ist in der Tat ein gewaltiger Gegensatz.

Aber es ist ein Gegensatz, der sich in doppelter Weise leicht erklären läßt. Zum ersten ganz einfach durch die Flucht der Jahre. Eine Tätigkeit, die dem Siebzigjährigen sehr wohl ansteht, und die er darum fröhlich fortsetzen soll, kann dem Fünfundsiebzigjährigen zu viel werden, und auch sonstige veränderte Verhältnisse fordern naturgemäß eine veränderte Lebensweise. Und dann hebt sich der Gegensatz auch dadurch auf, daß, wiewohl manches niedergelegt werden muß, anderes weitergeführt, ja, in gewissem Sinne in vollkommenerer Weise geübt werden kann und soll.

*Zurücktreten!* Ich möchte nicht viel sagen über das Niederlegen von Ämtern und Pflichten, das im Alter oft unumgänglich nötig wird. „Stehend sterben", mit der Hand am Pflug, in ungebeugter Kraft, ist ein Vorrecht, das nicht allen Veteranen widerfährt. „Herr, mache es mit mir nach deinem Wohlgefallen!" betet der treue Christ, wenn es ihm auch erlaubt ist, seinem gnädigen Herrn einen Herzenswunsch zu offenbaren.

Ein erfahrener Mann hat einmal in bezug auf den Rücktritt gesagt: „Besser ganz lassen als nachlassen!" Daß solches *Lassen* einen bedeutenden Entschluß, eine sichere Leitung und ein festes Gottvertrauen erfordert, ist selbstverständlich. Wohl uns, daß wir einen Führer haben, der uns verheißt: „Ich will dich unterweisen und dir den Weg zeigen, den du wandeln sollst; ich will dich mit meinen Augen leiten"! Wohl uns, wenn wir durch Gewohnheit geübte Sinne bekommen haben, den richtigen Pfad zu unterscheiden (Hebr. 5, 14), und mit aufrichtigem Herzen gewillt sind, den guten, wohlgefälligen und *vollkommenen* Gotteswillen zu tun! Dann wird unser Gang gewiß, und wir werden bewahrt vor späteren inneren Vorwürfen und Beängstigungen.

*

Bei dem Gedanken an das *Zurücktreten* bewegen mich jedoch nicht sowohl äußere Führungen als innere Vorgänge und Erfahrungen, die ich teils meinem eignen Herzen, teils lieben Freunden abgelauscht habe.

Der gottselige Gerhard Tersteegen sagte, als bei ihm die Altersbeschwerden zunahmen: „Wenn eine Mutter ihr Kindlein zu Bette bringt, zieht sie es zuvor aus; so handelt Gott mit mir." Und so handelt er mit vielen seiner Kinder, um sie völliger von der Erde loszumachen und sie zuzubereiten für den Eingang in sein Reich.

Als der salomonische Tempel zu Jerusalem aufgerichtet wurde, mußten die mächtigen Quader aus den umgebenden Steinbrüchen zuerst vollkommen zubereitet sein, um danach in lautloser Stille hineingefügt zu werden in den heiligen Bau. Manch letzten Hammerschlag und Meißelstich mußte der Stein erdulden, ehe er nach Morijas Höhen versetzt werden konnte. — Auch für den Bau des himmlischen Tempels müssen die Steine zuvor zubereitet werden. Da hat der große Werkmeister viel zu tun, bis er aus dem rauhen Felsblock, den seine Gnade aus dem Steinbruch der Natur herausgezogen hat, etwas Brauchbares machen kann. Oft benutzt er noch die letzten Erdenjahre seiner Auserwählten, um solche Reinigungs- und Vollendungsarbeit an ihnen zu vollziehen. Das tut oft weh, das beugt oft tief; aber es ist notwendig, und darum ist es gut.

Von einigen solcher inneren Führungen möchte ich ein Wort sagen.

Vor vielen Jahren war es, daß eine von mir sehr verehrte Dame zur Witwe wurde. Voll inniger Teilnahme eilte ich zu ihr und durfte sie mit Liebe umgeben. Einige Wochen später kam ich wieder. Ich war erwartet und wurde freundlich empfangen. Aber ich fand die mütterliche Freundin eigentümlich verändert. Sie war kalt und schweigsam, und mit Schmerz bemerkte ich einen bitteren Zug um ihren sonst so gütigen Mund. Ich war ganz betroffen, und die teilnehmenden Worte, die ich ihr sagen wollte, erstarben mir auf den Lippen. Plötzlich rief sie: „O Kind, du kannst es ja gar nicht ahnen, was für eine *Demütigung* es ist, Witwe zu werden!“ Nein, das konnte ich damals in der Tat nicht; aber aus dem bitteren Schrei der todeswunden Seele merkte ich, daß ein empfindlicher Punkt getroffen war, und daß eine innere Rebellion den Frieden störte. Schmerz, brennenden Heimwehschmerz hätte ich ja wohl verstanden, aber solcher Schmerz macht weich und mild, während sich hier ein innerer Widerstand offenbarte, der verhängnisvoll hätte werden können. Erst nach und nach lernte ich verstehen, was der hochgestellten Frau so demütigend erschienen war. Es galt herabzusteigen in das Tal der Demut. Es galt sich zu beugen, nicht nur unter die gewaltige Hand Gottes, die ihr das Liebste genommen hatte, sondern auch unter allerlei menschliche Verordnungen, die sie nicht gewöhnt war. O, wie sträubte sich der stolze Sinn! Aber als der tiefe innere Schaden entdeckt war, als das Herz gedemütigt zu Gottes Füßen lag, da kehrten Ruhe und Frieden wieder ein.

Denn wenn ein Herz gebrochen,
sich völlig Gott gibt hin,
kommt er, wie er's versprochen,
macht seine Wohnung drin.
Er läßt es stille werden,
erfüllt der Sehnsucht Bitt'
und bringt ins Leid der Erden
ein Stücklein Himmel mit.

*

Ein seinerzeit sehr gefeierter und auch im Alter noch hochgeschätzter Mann besuchte eine Stadt, in der er als junger Dozent mit glänzendem Erfolg gewirkt hatte. Er wollte seinen Freunden sein Kommen nicht zuvor melden und meinte, den Weg zu ihrem Hause gut finden zu können. Aber es hatte sich seit seinem letzten Besuch vieles verändert, und er fand sich in dem Straßengewirr durchaus nicht zurecht. In seiner Verlegenheit fragte er da und dort um Weisung, nannte auch an mehreren Stellen seinen Namen. Aber dieser Name war den Betreffenden völlig unbekannt, und mit Wehmut sagte sich der Greis: *„Ich bin ein Vergessener."* Er fand sich natürlich bald zurecht, und im Kreise seiner Freunde wurde das kleine Mißgeschick ganz vergessen. Nicht aber verwischte sich der Eindruck, den diese Erfahrung auf den alten Gelehrten machte. Unwillkürlich kam ihm das Wort in den Sinn: „Ihre Stätte kennet sie nicht mehr." Und dieses Empfinden wurde zum Ansporn, die bleibende Stadt fester ins Auge zu fassen, die das Ziel unsrer Pilgrimschaft ist.

Ob mein Name hier vergeht,
wenn er nur gezeichnet steht
bei den Bürgern jener Stadt,
die der Herr gegründet hat.

*

*Zurücktreten,* entbehrlich sein, nach und nach etwas in Vergessenheit geraten, da, wo man früher die Seele und treibende Kraft war, das sind lauter Dinge, die niemand merkt als der, den sie gerade treffen. Aber *daß* man sie spürt und manchmal sehr schmerzlich empfindet, ist der deutlichste Beweis dafür, daß man ihrer noch sehr bedarf. O, wie ist das eigne Leben so zäh und so häßlich! Wie singt man so leicht mit den Lippen und auch mit einem gewissen Verlangen: „Will gar nichts mehr sein und gelten"! Wenn es aber dazu kommt, daß man nichts mehr ist und gilt, so sträubt sich das Innere gewaltig dagegen, und es gibt manchmal einen heißen Kampf, bis der Sieg errungen und man wirklich gern *nichts* ist. O, möchte es der zarten und starken Zucht unseres göttlichen Meisters gelingen, daß in dem Leben der Seinen der widerliche Geruch des alten Wesens immer mehr verschwinde und der süße Geruch Christi (2. Kor. 2, 15) sich offenbare, zu seiner Ehre und zu unserem Heil! Wahrlich, das ist ein seliges *Zurücktreten!*

Los sein von seinen eignen ungestümen Wünschen, ist der Weg zur Ruhe. Denn unser ärgster Feind ist unser eignes Ich; der schlimmste Friedensstörer ist der eigne Wille. Der Christ, der bei seiner Bekehrung von Herzen gesungen hat:

Hier ist mein eigner Wille,
den geb' ich in den Tod!

muß immerdar wachen und beten. Er hat es redlich gemeint, aber in den Tagen seiner jugendlichen Kraft gar nicht ermessen können, was alles in dem Opfer eingeschlossen war, das er auf den Altar legte. Wenn er treu war, so lernte er es aber Jahr um Jahr und bis ins hohe Alter immer besser und praktischer erkennen. Er versteht, was der Herr einst seinem Petrus sagte: „Da du jünger warst, gürtetest du dich selbst und wandeltest, wohin du wolltest; wenn du aber alt wirst, wirst du deine Hände ausstrecken, und ein anderer wird dich gürten und dich führen, wohin du nicht willst" (Joh. 21, 18). Wir wissen, wohin Petrus geführt wurde, nämlich zum Kreuzestod, wie sein Herr und Meister vor ihm. Kreuzeswege, Sterbenswege kann der Herzog unserer Seligkeit seinen Nachfolgern nicht ersparen. Selig, wer ihn versteht!

*

Doch ich möchte meine Beobachtungen über ein gesegnetes *Zurücktreten* noch in ein sehr praktisches Hauskleid hüllen. Ich kann es am besten tun durch ein Bild aus dem Leben. Es handelt sich um zwei Fälle, die ganz ähnlich und doch *ganz verschieden* waren, auch in keinerlei Beziehung zueinander standen. Die Frauen, von denen ich berichte, waren Witwen, die ihren Männern in lebhaftem wirtschaftlichem Betrieb geholfen und Treffliches geleistet hatten. Nach dem Tode der Gatten hatten sie beide das Glück erlebt, daß das Geschäft von wackeren Schwiegersöhnen übernommen und daß ihnen eine freundliche Wohnung im Hause eingerichtet werden konnte. Frau Lisbeth, die eine sehr tüchtige Wirtschafterin war, hatte sich wohl gesagt, daß sie nun nicht mehr die eigentliche Leiterin des Hauswesens sei, aber sie konnte es nicht lassen, sich in alle Angelegenheiten des Hauses zu mischen und nicht nur Rat zu geben, sondern auch bei der Durchführung tatkräftig einzugreifen. Die Tochter fügte sich, wiewohl sie gern ihre Selbständigkeit gewahrt hätte; dem Manne aber war es peinlich, und er fühlte sich berechtigt, ab und zu einzugreifen und die Dinge nach seinem Gutdünken zu ordnen. Das gab dann immer wieder Szenen. „Undank erntet man!“ schrie Frau Lisbeth. „Da schafft man sich halb zu Tode, um den Kindern zu helfen, und dann ist's erst nicht recht, und die Jungen meinen, sie allein verstünden die Sachen richtig zu machen.“ Da gab es viele Tränen und Klagen, die besonders der wackeren Tochter rechtes Herzeleid machten. Man versöhnte sich immer wieder, denn im Grunde meinten es alle gut; aber bei der nächsten Gelegenheit brach der Jammer laut oder leise wieder los, und das Familienglück war sehr getrübt.

Ganz anders standen die Dinge bei Frau Maria. Sie war auch noch schaffensfreudig; aber sie verstand es sofort, ihre Stellung im Hause richtig einzunehmen und sich nicht ungefragt in die Angelegenheiten ihrer Kinder einzudrängen. Arbeit für ihre Lieben fanden ihre fleißigen Hände allenthalben, und mit Rat und Tat war sie stets zu helfen bereit. Oft konnte man eines der zahlreichen Enkelkinder bei ihr antreffen, wie sie ihm etwa bei den Aufgaben half oder eine Geschichte erzählte. Ein Stündchen „droben“ sein zu dürfen, war allen ein Vorrecht und eine Freude. Manchmal geschah es auch, daß die fleißige, rüstige Hausfrau aus dem heißen Wirtschaftsbetrieb zur Mutter hinaufflüchtete, und, auf einem niedrigen Stühlchen sitzend, einige Augenblicke bei ihr blieb, um hernach, durch ein Segenswort oder ein stilles Gebet gestärkt, wieder an die Arbeit zu gehen. Großmutters Gegenwart in dem betriebsamen Haus war — das fühlten alle — ein stiller Segen.

So wichtig in den Jahren der Kraft tüchtige Arbeit und fleißiges Wirken ist, so kommt es doch auch da zumeist auf den Einfluß an, den ein Mensch auf seine Umgebung ausübt. Was er *ist*, fällt schwerer ins Gewicht, als was er sagt und tut. Und in erhöhtem Maß ist das im Alter der Fall, wo man für die Seinen nicht mehr viel arbeiten, aber um so fleißiger beten und durch den verborgenen Umgang mit Gott Segensströme auf sie herabziehen kann. „Gott zieht seine Kinder klein.“ Ja, er zieht sie klein. damit er in ihnen groß werde und sein Bild aus ihnen hervorleuchte.

Wann bin ich froh?
Wenn nichts in mir ich habe
und mich allein aus seiner Fülle labe
und schmecke die Barmherzigkeit also,
dann bin ich froh.

## SEGEN DER DEMUT

Hinab, hinab ins tiefe Demutstal!
Vom Himmel leuchtet dir der Gnade Strahl.

Hinab, hinab! Durch Beugung ging und Schmerz
von alters her die Straße sonnenwärts.

Hinab, hinab! Im engen Talesgrund
wächst heilend Kraut, das macht dein Herz gesund.

Hinab, hinab! Geh willig nur und gern;
dort in der Tiefe triffst du deinen Herrn.

Das innerliche, willige Zurücktreten, von dem wir eben sprachen, macht das äußerliche Zurücktreten, wie Alter und Gebrechen es notwendigerweise mit sich bringen, leicht und süß. Antonius, so erzählt die Legende, sah in einem Gesicht, wie die ganze Welt überzogen sei mit Netzen und Schlingen, und er seufzte vor Angst: „Ach, mein Herr Christe, wer wird denn da hindurchkommen?" Da hörte er eine Stimme, die zu ihm sprach: „*Demut,* Antonius, Demut kriecht überall durch." — Das ist ein gutes Wort für Alte und Junge. Denn Demut, echte, wahre Demut, die sich selbst verleugnet und vergißt, Demut, die sich nicht *willenlos,* wie man oft sagt, sondern *willig* unter des himmlischen Vaters Willen beugt, Demut, die in ihrer Schwachheit dem allmächtigen Helfer vertraut, findet überall den rechten Weg; *denn den Demütigen gibt Gott Gnade.* Es sei mir darum erlaubt, mit meinen Lesern noch ein Weilchen in dem gesegneten Demutstal zu verweilen und uns zu weiden an dem „heilsamen Kraut", das da wächst und Geist und Seele labt.

Das Urbild und Vorbild der Demut ist unser Herr und Meister Jesus Christus. Er bezeugt von sich selbst:

Ich bin *von Herzen demütig*. Der Ausdruck bedeutet in der Grundsprache ein williges Sichneigen zu den Geringen. Wie wunderbar hat Jesus dieses Wortes tiefste Bedeutung in seinem Erdenlauf erläutert und bewährt! Er erniedrigte sich selbst, nahm Knechtsgestalt an und ward gehorsam bis zum Tode, ja, zum Tode am Kreuz. Er verkehrte gern mit Zöllnern und Sündern, hielt sich herunter zu den Niedrigen; die Kranken und Elenden zogen ihn an. Kleine Kinder schmiegten sich vertrauensvoll in seine Arme; er herzte und segnete sie. Er ertrug Spott und Verachtung ohne Murren. Er schalt nicht, da er gescholten ward, dräute nicht, da er litt, sondern stellte es dem anheim, der da recht richtet.

Das sind lauter Züge echter Demut. Sie stellen für uns viel mehr dar als ein bloßes *Vorbild*, das wir mit Kraftanstrengung nachahmen sollen, wiewohl es freilich den Einsatz unsrer ganzen Persönlichkeit braucht, um ihm nachzufolgen. Sie sind uns zunächst ein Prüfstein, woran wir erkennen, ob Christus wirklich in uns wohnt und sein Bild in uns zur Gestaltung bringt. Denn nur dadurch, daß *er* in uns groß wird, werden wir wahrhaftig klein und von Herzen demütig. So betete C. H. Zeller:

Von dir lernen möchten wir
deiner Sanftmut Milde,
möchten ähnlich werden dir,
deinem Demutsbilde,
deiner stillen Tätigkeit,
deiner armen Niedrigkeit,
deines Wohltuns Milde.

*

In sinniger Weise ist die Demut verglichen worden mit einer durchsichtigen Fensterscheibe:

„Was ist denn eine Fensterscheibe? Es ist ein Stück Glas, so rein, so kristallhell, daß es — *unsichtbar* wird. Wenn auf seiner Oberfläche ein einziger Flecken, ein einfaches Luftbläschen ist, kurz, irgend etwas, das den Blick anzieht und zerstreut, so entspricht es seiner Bestimmung nicht mehr. Die *Bestimmung der Glasscheibe ist: zu verschwinden,* sich so sehr vergessen zu lassen, daß der Blick des Beobachters ohne Hindernis durch sie hindurchblicken kann auf das, was sich jenseits befindet.

Je mehr sich ein Mensch Gott nähert, desto mehr verschwindet seine Person, und je mehr er sich von Gott entfernt, desto mehr sucht er zu gefallen. Wie viele Christen gibt es, die das Licht verdecken, weil ihre Persönlichkeit sich vor die heilige Person Christi stellt und sie gleichsam mit ihrem Schatten bedeckt, statt sie durchscheinen und ihr eigenes Leben verschwinden zu lassen! Wie viele prächtig gemalte Scheiben sieht man dort, auf denen allerlei bunte Gestalten von Heiligen die Klarheit des leuchtenden Himmels verschleiern!“ (Alex. Morel.)

Eine ähnliche Auffassung der Demut findet sich in nachstehenden Zeilen:

> Der König blickt auf seine Brautgemeine,
> sie steht im Schmucke ihrer Edelsteine.
> Blutrot wie der Rubin erglüht die Liebe;
> grün schimmern wie Smaragd der Hoffnung Triebe.
> Des Saphirs Blau die Glaubenstreue malet.
> Im Diamant die Herzensreinheit strahlet,
> im dunkeln Amethyst der Zeugenmut
> und im Topas der heil’gen Freude Glut.
> „Wo aber bleibt die Demut?“ fragt’ ich leise.
> „Die Demut? — Kennst du nicht der Demut Weise?
> Sie zeigt sich niemals, ist verborgen gern,
> sie sieht und will nur zeigen ihren Herrn.“

Und wie erlangt man dieses edle Kleinod der Demut? Es ist schon angedeutet worden: die wahre, echte Demut wohnt nur da, wo Jesus wohnt und herrscht. Der erste Lichtstrahl des Heiligen Geistes, der in ein Menschenherz dringt, offenbart ihm seine Armut und Bedürftigkeit. Die Sündenerkenntnis beugt tief; aber noch tiefer beugt der Blick in des Herrn Gnade. „Ich bin's nicht wert!" Das ist die Sprache derer, die den Herrn gefunden haben. Es ist die Sprache wahrer Demut.

Du willst, ich bin des herzlich froh,
die Braut sei elend und geringe,
daß alles sie von dir empfinge;
mein Herr und Gott, du willst es so.

O, daß ich arm und elend bin,
will ich nun gerne jedem sagen;
mein ganzer Reichtum liegt darin,
daß deinen Namen ich darf tragen.

Aber auch bei solchen einmal selig Gebeugten regt sich nur zu leicht der alte Hochmut wieder; er kann sich sogar in den noch schlimmeren geistlichen Hochmut kehren. Um seine lieben Kinder in der Demut zu erhalten und sie noch tiefer hineinzuführen, braucht der weise und gütige Vater ein herbes, aber wirksames Mittel. Es heißt Demütigung. Wer um Demut bittet, bittet unbewußt auch um Demütigung. Das stolze Herz kann solches nicht entbehren und lernt je länger, je aufrichtiger dafür danken, auch wenn es wehe tut.

„Mach mich dir gleichgesinnt,
du demutsvoller Herr, dir möcht' ich dienen,
dir ähnlich sein in Wort und Tat und Mienen,
wie einem Vater ähnlich ist sein Kind!"

So bat ich in geweihten Stunden oft
und habe glaubend auf sein Wort gehofft.
Und meiner Schwachheit er zu Hilfe kam
und alle eigne Stärke von mir nahm.

Ins tiefe, enge Demutstal hinab
führt er sein Lamm mit treuem Hirtenstab,
und wie es zitternd da und weinend steht,
spricht sanft sein Mund: „Ich hörte dein Gebet."

Wir wollen Demütigungen nicht so sehr fürchten, wollen nicht ängstlich ihnen auszuweichen suchen. „Wer einer Demütigung aus dem Wege geht, geht einer Gnade aus dem Wege", hat ein Gottesmann gesagt. Demütigungen tun nur weh, solange der Hochmut ihnen Widerstand bietet. Der selige Pfarrer Rein brauchte einmal beim Unterricht seiner Nonnenweierer Schwestern ein recht prosaisches, aber so zutreffendes Bild, daß es mir unvergeßlich geblieben ist. „Eine Demütigung", sagte er, „ist wie ein Kamm, dessen Aufgabe es ist, das Haar zu entwirren und zu glätten. Der Kamm tut nur weh, *solange etwas in Unordnung ist.*"

In vielen Variationen ist der *Segen der Demut* besungen worden.

Solang' ich etwas wollte sein,
da hatt' ich nichts als lauter Pein;
seit ich ein Würmlein worden bin,
ist mir so wohl in meinem Sinn,

singt ein Zinzendorf. Pfr. F. Gerber hat das schöne Wort geprägt: Gebrochenwerden tut weh; aber Gebrochensein ist selig. Am allerschönsten drückt es der Psalmist aus: *Ich danke dir, Herr, daß du mich demütigst und hilfst mir!*

*

Ein köstlicher Brief eines greisen Gottesknechtes ist in meinem Besitz, und ich kann dem Wunsch nicht widerstehen, zum Schluß dieses Abschnitts einige Auszüge daraus zu geben. Denn ohne daß sie gerade von der *Demut* handeln, entströmt diesen Zeilen der süße Duft dieser köstlichen Tugend in so wohltuender Weise, daß es Herz und Gemüt erquickt. Er ist von dem bekannten Naturforscher und Professor Dr. G. H. von Schubert (1781—1868) in München, der ein naher Freund meiner Eltern war. Er schrieb im Jahr 1860:

„Ich bin nun bereits über die Mitte des achtzigsten Jahres hinübergekommen, ohne die leiblichen Beschwerden des Alters in dem Maße zu fühlen, in welchem sie auf so manchen andern lasten. Geistig scheine ich andern und in gewisser Hinsicht auch mir selbst noch frisch und rüstig. Das Urteil der andern beruft sich freilich nur auf meine fortwährenden schriftstellerischen Arbeiten, auf deren Armseligkeit der Segen Gottes noch immer einen Strahl fallen läßt. Mein Urteil hält sich aber nur an die Erfahrungen, die mich mein Heiland machen läßt, Erfahrungen, aus denen ich weiß, daß er mir mit seiner Zucht und Gnade wie seiner Hirtentreue noch eben so innig nahe, ja, ich darf wohl sagen, noch näher ist als in den Tagen meiner leiblichen Kraft. Ich muß oft vor Liebe weinen, wenn ich so eine Probe nach der andern von seinem nachsichtsvollen Leiten, Halten und Tragen erleben darf. Und wenn auch der Geist der Beredsamkeit und des menschlichen Wissens mich täglich mehr verläßt, so ist doch jener Geist um so kräftiger in mir geworden, welcher täglich und stündlich ruft: ‚Abba, lieber Vater!‘ Und dieser Geist versteht auch, was meine kindlichen Seufzer gern zu meinem Heiland sagen möchten, und gibt mir die Worte dazu. Da stehe ich denn immerfort in einem Umgang mit dem Freund meiner Seele, bei dem ich mich glücklich fühle, wie ein stammelndes Kind auf dem Schoß seines liebenden, mit ihm spielenden Vaters."

Dieser kindliche Geist, der den alten Streiter so froh machte, ist eben der Geist der Demut. Jesus rief ein Kind zu sich und stellte es mitten unter seine Jünger und sprach: Es sei denn, daß ihr umkehrt und werdet *wie die Kinder,* so werdet ihr nicht in das Himmelreich kommen. Demut findet nicht nur den rechten Weg in allen Schwierigkeiten und Gefahren des Erdenlebens, sie findet auch die Pforte himmelwärts. Denn sie ist gern *nichts,* damit *Jesus alles* sei.

# Ohne dich – mit dir

Ohne dich, Herr Jesu, kann ich gar nichts tun;
eigne Kraft ist Schwachheit, du bist alles nun.
Mit dir, o Herr Jesu, ist mir nichts zu schwer;
denn du, starker Helfer, gehest vor mir her.

Ohne dich ist's dunkel, traurig ist mein Herz;
mit dir hab' ich Freude auch im tiefsten Schmerz.
Ohne dich, Herr Jesu, bangt mir in dem Streit:
Wie soll ich, der Schwache, überwinden weit?

Mit dir, o Herr Jesu, ist's ein guter Krieg;
denn du schreckst die Feinde und gibst mir den Sieg.
Ohne dich, Herr Jesu, kann ich nicht mehr sein.
Mit dir hab' ich alles, ist der Himmel mein.

Dora Rappard

# DANKBARKEIT

Bitte nur viel;
setze dem Danken kein Ziel,
so wirst du nehmen und haben.

Die *Demut*, diese edle, seltene Tugend, hat eine gar liebliche Tochter: sie heißt *Dankbarkeit*. Ist es der Mutter Art und Wesen, in stiller Verborgenheit zu bleiben, so hat es die Tochter an sich, freundlich hervorzutreten und mit ihrem lichten Schimmer auch die dunkelste Ecke zu vergolden. Hochmütige Menschen sind stets undankbar. Das Unglück, das sie trifft, haben nach ihrem Dafürhalten immer andere verschuldet; das Glück, das sie haben, ist ihnen durch ihre eigene Geschicklichkeit geworden.

„Ich habe noch nie gesehen, daß tüchtige Menschen undankbar gewesen wären", sagt Goethe irgendwo. Und der geübte Pädagoge, Christian Heinrich Zeller, hat es aus vielfacher Erfahrung bezeugt, daß dankbare Kinder wohlgeraten, während für undankbare wenig Hoffnung ist.

Die allerhöchste Autorität aber hat gesagt: „Wer Dank opfert, der preiset mich, und *das ist der Weg*, daß ich ihm zeige mein Heil" (Ps. 50, 23).

Dankbarkeit ist eine Schutzwaffe gegen Schwermut und Verzagtheit. Greife zur Harfe, David, wenn der finstere Geist der Unzufriedenheit und des Unmuts sich regen will! Stimme Lobgesänge an, du Diener Gottes, wie einst Paulus und Silas es getan, wenn in mitternächtlicher Stunde Gefängnismauern dich umschließen! Erinnere dich der vergangenen Beweise von Gottes wunderbarer Durchhilfe, wenn neue Gefahren dir drohen! Denke daran, was der Allmächtige kann, der dir in Liebe begegnet! Seid dankbar *in allen Dingen*, sagt uns Gottes Wort; denn *alle Dinge* müssen zum Besten dienen denen, die Gott lieben.

*

Einige einfache Beispiele mögen uns zur Ermunterung dienen. — Ich gedenke einer teuren alten Dame, die zunächst als Beispiel für tapfer ertragene Leiden angeführt werden könnte, aber noch ganz besonders auffiel durch die *dankbare* Gesinnung, die sie durch Schmerzen und Prüfungen aller Art bewahrt hat. Nie hörte man sie klagen; sie sprach nie von sich und ihrem Leiden. Sie hat im verborgenen auch geweint; das wußten, die ihr nahestanden, wohl. Aber die meisten Leute sahen an ihr nur das friedliche Antlitz und die strahlenden dunklen Augen, die Zeugnis gaben von der inneren Kraft, mit der die betagte Dulderin ihre Bürde trug.

Auf besondere Bitte hin schrieb sie einer nahen Verwandten einen eingehenden Bericht über den fünfunddreißigjährigen Verlauf ihrer Krankheit und schloß ihre Mitteilungen ganz schlicht mit den Worten: „*Wie kann ich Gott genug danken für alle seine Durchhilfe?*“

*

Ein gar liebes, wohltuendes Bild möchte ich mit wenigen Strichen skizzieren: das des ehrwürdigen Pfarrers Adolf Sarasin, des Begründers und langjährigen Herausgebers des „Christlichen Volksboten“, aus Basel. Er war bekannt als ein überzeugungstreuer Zeuge des Herrn Jesu Christi, um dessen Namens willen er in jüngeren Jahren Spott und Verfolgung zu tragen hatte. Aber uns, die wir ihn erst später kennenlernten und bis in sein hohes Alter oftmals umgeben durften, war kein Zug seines Wesens so hervorleuchtend und so anziehend wie seine *Dankbarkeit*. Eine unbedeutende freundliche Rücksichtnahme, ein Beweis göttlicher Treue und menschlicher Liebe machten ihn so glücklich wie ein kleines Kind. Von befreundeter Hand wird mir dieser Eindruck so eindrücklich bestätigt, daß ich mir nicht versagen kann, das betreffende Schreiben hier mitzuteilen:

„Ja, du hast recht zu sagen, unser lieber Vater sei ein Typus kindlicher, reicher Dankbarkeit gewesen. Wie wohltuend war der Ausdruck derselben bei jedem neuen Anlaß! Durfte man im Sommer einige Tage mit ihm in den Ferien verbringen, so genoß er die herrliche Gottesnatur in vollen Zügen. Leuchtete die Sonne, so war er entzückt von ihren Wirkungen in Farbe und Beleuchtung; regnete es, so war er wiederum vergnügt und freute sich des Umgangs mit Menschen, die ihn umgaben. — Und diese demütig dankbare Gesinnung bewahrte er bis zum letzten Tag seines Erdenlebens. Am 19. Februar 1885 feierte er im Kreise seiner Kinder seinen dreiundachtzigsten Geburtstag in körperlicher Schwachheit, aber mit herzlichem Dank gegen Gott. Er sagte: ‚Mein Grundsatz ist immer gewesen, *daß mir alles recht ist, wie Gott es fügt.*‘

Er war müde und legte sich früh zu Bett. Plötzlich vernahm er Posaunenklang. Herr L. Jaeger war mit einem Chor des Jünglingsvereins gekommen, um ihm zur Feier seines Geburtstages einige Lieder zu spielen. Der liebe Vater war von solcher Liebe tief ergriffen und beschämt. Er sagte: ‚O, das habe ich wahrhaftig nicht verdient!' Er bat Herrn Jaeger, an sein Bett zu kommen, und dankte ihm mit bewegten Worten. Fröhlich und dankbar trennten wir uns an jenem Abend, nicht ahnend, daß der teure Vater schon am folgenden Morgen ins obere Vaterhaus heimgerufen werden sollte. Ohne Todeskampf durfte er, der sich als armer Sünder durch Jesu Blut versöhnt wußte, wie ein Kind in Mutterarmen einschlafen. Das letzte Wort, das wir von seinen sterbenden Lippen vernahmen, war Dank für eine Erquickung, die ihm gereicht wurde."

*

Von einer ganz armen Dulderin, einer Witwe, erzählt ein Stadtmissionar einen lieblichen Zug. Er suchte sie auf in dem Dachstübchen einer Mietskaserne der Großstadt, wo sie einsam wohnte. Er hatte von ihr gehört, fand aber nicht, wie er erwartet, eine klagende, gedrückte Kranke, sondern ein fröhliches, lobendes Gotteskind. Auf seine teilnehmenden Fragen gab sie in aller Einfalt Antwort, und trotz Einsamkeit und Entbehrungen aller Art bezeugte sie: *„Ich habe für so vieles zu danken, daß ich manchmal lange nicht zum Bitten komme.*"

*

Ebenfalls in einer deutschen Großstadt war es, daß ein Prediger aus der Schweiz die Verwandte eines Freundes aufsuchen und ihr Grüße überbringen wollte. Er fand eine ältere, sehr verkrüppelte Person, die zeitlebens nicht hatte gehen können, sondern sich auf einem eigens für sie erstellten Rollwägelchen bewegte und dabei die notwendigsten Haushaltungsgeschäfte zu besorgen verstand. Eine „Stundenfrau“ kam zu bestimmten Zeiten, um die schweren Arbeiten zu tun. An dem Tage, da der Freund sie besuchte, fand er sie in freudiger Erregung. Sie erwartete eine kleine Gesellschaft armer Frauen, denen sie Kaffee und Streuselkuchen anbieten wollte. Sie gehörte zu dem Bund der „Leidensschwestern“, dieser schönen, gesegneten Vereinigung, die, von Christine Herrmann in Heidelberg gegründet und von Auguste Walther weitergeführt, mehr als tausend chronisch Kranke umfaßt und einen Strom des Segens vermittelt. Die liebe Alte war in ihren Vorbereitungen so glücklich, so überströmend dankbar für die „Vorrechte“, die sie genoß, daß der Freund tief ergriffen bezeugt: „Ich hatte mit meinem Besuch ihr einen Liebesdienst erweisen wollen; aber sie hat mir einen viel größeren getan.“

*

Nicht nur dem Herrn, dem Geber aller guten Gaben, gebührt der warme Dank seiner Kinder; es ist wichtig und schön, auch Menschen Dank zu bezeugen für freundliche Dienstleistungen, für Taten und Worte der Liebe. Wie gut steht solche dankbare Gesinnung uns alten Leuten an! Wie hilft es den Jungen, unsre Schwachheiten zu tragen! Auch da bewahrheitet es sich, daß die Dankbarkeit die Tochter der Demut ist. Halten wir doch nicht aus einer gewissen Schüchternheit den Ausdruck unseres Dankes zurück, sondern gestatten wir unserem Herzen, die Dankbarkeit, die uns bewegt, recht warm zu empfinden, und unsern Lippen, diesem Dank auch kindlich frohen Ausdruck zu geben! Das tut andern und uns selbst wohl.

*

Wir haben die Dankbarkeit mit einer duftenden Pflanze verglichen. Sie ist aber eine Pflanze, die sorgfältig gepflegt werden muß, und die durch solche Pflege genährt, veredelt und vermehrt wird. *Danken* ist verwandt mit *denken*. Wer recht nachdenkt über Gottes Wege, dem mangelt es nie an Stoff zum Danken. Lobe den Herrn, so mahnt der Psalmist seine eigene Seele, und *vergiß nicht*, was er dir Gutes getan hat!

Gewöhnen wir uns auch daran, die Dinge von der Lichtseite anzusehen; das hilft zum Danken.

Zwei Mönche ergingen sich einst im Klostergarten und kamen an einem Ziehbrunnen vorbei, aus dem eben eifrig geschöpft wurde. „Welch ödes Geschäft!" sagte im klagenden Ton der eine. „Sooft der Eimer auch voll heraufkommt, wird er immer wieder ausgeleert, und man muß von vorn anfangen." — „Ei, Bruder", sprach der andere, „mir war es gerade aufgefallen, wie schön es ist, daß, sooft auch der Eimer leer hinuntergelassen wird, er doch immer wieder überfließend voll heraufkommt."

Wie oft wiederholt sich dies Geschichtlein im Alltagsleben in einer oder der andern Weise! Wo Unzufriedenheit nur Mangel findet, sieht die Dankbarkeit den Reichtum und wird dessen froh.

Ähnlich klingt es in den Versen:

„Keine Rosen ohne Dornen!"
seufzte ich in matten Stunden,
weil mich brannten heiße Wunden
mitten in des Glückes Bornen.
Heute, ob auch Stürme tosen,
ob auch manche Dornen stechen,
kann ich froh und dankbar sprechen:
„Keine Dornen ohne Rosen!"

Das ist der Segen eines Herzens, das danken gelernt hat.

*Gelernt!* Ja, wie unsre Kindlein, so müssen Gottes alte Kinder oft das Danken erst *lernen.* Wie oft fragt der Vater, mahnt die Mutter das Kleine, dem eine Gabe gereicht worden ist: *„Wie sagst du?"!* Es dauert oft lange, bis der kleine Mensch diese elementarste Schicklichkeitsregel gelernt hat und sein richtiges, selbstverständliches *„Danke!"* laut und deutlich sagt. Wie lange dauerte es in viel tieferem Sinn bei mir, bei dir! Wie oft schien uns fast selbstverständlich, was wir erst hernach als ein Wunder der Güte Gottes ansehen und schätzen lernten! Mußte uns die Not das Denken und das Danken lehren? Mußte in unserm Herzensgarten zuerst die Demut blühen, um hernach die süße Frucht der Dankbarkeit zu zeitigen?

Im Sonnenschein der Freude ist das Danken nicht schwer, wiewohl wir es auch da viel zu oft vergessen. Aber es braucht Gnade und zwar *Übung in der Gnade,* um zu danken auch für Schwierigkeiten, für Durchkreuzung unsrer Pläne, für Läuterungen, die uns zur Vollendung führen sollen. Wir baten um *Demut;* Gott erhörte uns auf dem Weg der *Demütigung.*

Üben wir uns auch, mit Dankbarkeit und nicht *nur* mit Schmerz zurückzudenken an vergangenes Erdenglück, auch wenn es uns nach Gottes weisem Rat entschwunden ist. Wenn die, die wir liebten, uns vorangegangen sind, und unser Leben einsam und ärmer geworden ist, so ist uns doch nicht nur die Erinnerung an die teuren Menschen, sondern auch der Segen ihres Lebens geblieben. Was Ewigkeitswert hat, bleibt ewig.

Sprich nicht, sie sei'n dir verloren, die vor dir gegangen,
ewige Ruhe im Hause des Herrn zu erlangen!
Dein sind sie immer, ob auch deinem Auge entrücket;
teile mit ihnen die Freude, die jetzt sie beglücket!
Du bist noch Fremdling — sie haben die Heimat gefunden.
Du leidest Schmerzen — sie durften vollkommen gesunden.
Siehe, sie warten auf dich an der Ewigkeit Toren:
seliglich sind sie verwahrt dir, nicht schmerzlich verloren.

*

Das tiefste, heiligste Danken lehrt uns Gottes Wort. „*Danksaget* dem Vater, der uns tüchtig gemacht hat zu dem Erbteil der Heiligen im Licht, welcher uns errettet hat von der Obrigkeit der Finsternis und versetzt in das Reich seines lieben Sohnes, an welchem wir haben die Erlösung durch sein Blut, die Vergebung der Sünden!" (Kol. 1, 12—14). Dank sei ihm für das unvergängliche und unbefleckte und unverwelkliche Erbe, das behalten wird im Himmel denen, die durch Gottes Macht bewahrt werden zur Seligkeit! Oft tritt eine aufrichtig gläubige Seele erst in den freudigen Genuß der Gnade, wenn sie es wagt, dafür von Herzen zu *danken.* So machen wir es zuweilen, um nochmals aus der Kinderstube zu lernen, mit unsern Kleinen. Das dargereichte Brot geben wir erst ganz aus der Hand, wenn sie ihr „Danke!" gesagt haben. Hast du, lieber gläubiger Christ, deinem Gott und Heiland schon von Herzensgrund *gedankt* für seine unaussprechliche Gabe?

Vor Jahren schrieb mir eine geliebte Hand mitten aus viel Sorge und Bedrängnis heraus das schöne Wort: „Die Freude, erlöst zu sein, ist wie ein Strom, der jeden Morgen aufs neue meine Seele durchflutet und allen

Unmut, der sich im Herzen ansetzen will, hinwegschwemmt in das Meer der Liebe Gottes."

Wenn du in des Lebens Stürmen
bist verzagt,
wenn dein Herz voll banger Sorge
mutlos klagt,
zähl die vielen Gnadengaben,
denk daran,
und du wirst verwundert sehen,
was dir Gott getan!

## VOM VERGEBEN

> Es gibt keine größere und göttlichere Freude als herzliches Vergeben, ein völliges Überwinden und Verschwindenlassen einer empfangenen Beleidigung.

Ein großes Hindernis der Gemeinschaft mit Gott und darum der völligen Freude ist ein unversöhnliches Gemüt. Wer Vergebung der Sünde erfahren hat und fortwährend erfährt, muß *notwendigerweise* vergeben. Das ist ein inneres und unumstößliches Gesetz im Reich der Gnade. Es ist die nachdrückliche Lehre unseres Heilandes. Er machte seine Jünger darauf aufmerksam, als er ihnen sein mustergültiges Gebet, das Vaterunser, vorsprach (Matth. 6, 12. 14. 15). Noch ernster klingt die Mahnung in dem Gleichnis vom unbarmherzigen Knecht, dem der König seine Riesenschuld erlassen hatte, der aber seinem Mitknecht die geringe Schuld nicht vergeben wollte und darum der schon empfangenen Gnade wieder verlustig ging. Also, spricht Jesus, wird auch mein himmlischer Vater euch tun, so ihr nicht vergebt *von eurem Herzen,* ein jeglicher seinem Bruder seine Fehler (Matth. 18, 35).

Es mag den Leser vielleicht befremden, daß diese Wahrheit in besonderer Weise betont wird in einem Buch, das sich an das Alter wendet. Wer etwas Erfahrung in der Seelenpflege hat, wird es wohl verstehen. Denn bei manchen älteren Leuten, denen Gott viel Gnade und Barmherzigkeit erzeigt hat, macht sich dennoch eine innere Unruhe bemerkbar, für die sich oft lange keine Erklärung finden läßt, und der eine mehr oder weniger bewußte Unversöhnlichkeit zugrunde liegt. Es bedarf manchmal eines besonderen Fingerzeigs, um unter der Erleuchtung des Heiligen Geistes dieses verborgene Hindernis zu erkennen und zu entfernen. Vielleicht dürfen nachstehende, ganz allgemein gehaltene Bemerkungen und Beispiele solch ein Fingerzeig sein.

Die größten Hindernisse in unserm Liebesleben sind persönliche Kränkungen. Sie kommen in unserm mangelhaften irdischen Zustand nur zu oft vor. Je mehr zwar das neue Leben in einem Menschen vorherrscht, desto weniger ist er empfindlich für das, was seine eigene Person berührt. Soviel wir noch „beleidigt“ werden können, so viel lebt noch unser eigenes Ich. Das mag für uns ein Prüfstein sein.

Es gibt grobe und bewußte Sünden der Lieblosigkeit, wenn das alte Wesen einen Sieg erringt über ein unachtsames Gotteskind und es zu Fall bringt durch Zorn, Neid oder gar Haß. Dafür gibt es keine Hilfe als aufrichtige Buße, demütiges Bekenntnis vor Gott und Menschen und erneutes gläubiges Erfassen der Vergebung.

Es gibt aber auch Verstöße gegen die Liebe, die aus Gedankenlosigkeit und Unkenntnis geschehen, und die doch schwerwiegende Folgen haben können. Und wieviel bleiben wir einander *schuldig*, ohne es nur zu merken! Wer kann die Unterlassungssünden zählen, die Gottes Auge sieht, und die auch dem Blick unsrer Mitmenschen nicht entgehen? Wissentlich und unwissentlich lassen wir es an Liebe und Zuvorkommenheit fehlen. Oft gehen uns erst nach Jahren die Augen auf über den Mangel an selbstverleugnender Liebe, mit dem wir einst unsere Umgebung betrübten, und der uns seinerzeit völlig verborgen war. Solches Erkennen gehört mit zu der Läuterungsarbeit, von der wir in einem früheren Abschnitt sprachen.

Aber für alle diese Schäden gibt uns Gottes Wort ein göttlich einfaches und göttlich großes Heilmittel. Es heißt: *Vergeben.* Vergebet *einer dem andern,* gleichwie Gott euch vergeben hat in Christo! Ganz *selbstverständliches, bedingungsloses, fortwährendes* Vergeben, das ist der Weg des Friedens. Da gibt es kein Wenn und Aber. Der Strom der vergebenden Gottesliebe, die wir ununterbrochen erfahren dürfen, soll und kann ebenso ununterbrochen durch uns fließen auf unsre Umgebung. Ein Herz, das nicht vergeben will, kann auch die Vergebungsgnade von Gott nicht empfangen.

Das ärgste Übel, das ein Mensch mir antun kann, ist lange nicht so schlimm und macht mich nicht so unglücklich wie das geringste Böse, das *ich tue,* wenn ich dem Zorn oder gar der Rachsucht nachgebe. Auch da heißt es: *Nur nicht sündigen!* Tersteegen sagt so schön: „Ich finde gegen keinen einzigen Menschen etwas anderes in meinem Gemüt als nur unbedingte Versöhnung, aufrichtige Beugung und herzliche Liebe."

*

Vor vielen Jahren erhielt ich den Besuch eines befreundeten Predigers. Wir hatten eben die ersten Begrüßungen ausgetauscht, als ein zweiter Besucher gemeldet wurde, ebenfalls ein lieber und geachteter Evangelist. Mir als der mütterlichen Freundin beider wurde das Herz etwas beklommen; denn ich wußte, daß sie seit längerer Zeit in einer gewissen Fehde zueinander standen, und ich fürchtete, die unfreiwillige Begegnung würde zum mindesten kalt, wenn nicht geradezu peinlich verlaufen. Aber ein warmer, freundlicher Strahl. den ich bei der unerwarteten Begegnung von einem

Augenpaar zum andern blitzen sah, zeigte mir bald, daß hier etwas Neues geworden sein mußte. Schüchtern sagte ich, daß ich mich freue, sie zusammen zu sehen, und wagte zu fragen, ob die Differenzen beigelegt seien.

„Ja, vollkommen!" war die freudige Antwort. Nun verlangte es mich sehr, zu wissen, auf welchem Wege dies geschehen sei; denn ich sagte mir, das müsse auch andern zu Nutz und Segen dienen. Die Antwort war herrlich.

Mehrmals waren diese aufrichtigen Christen samt etlichen Gesinnungsgenossen zusammengekommen, mit der Absicht, den betrübenden Widerstand der Parteien zu schlichten und sich in Einigkeit des Geistes zu verbinden. Es war nicht gelungen. Man war höflich und gemessen gewesen; aber die trennende Kluft war nur größer geworden und drohte in völlige Gleichgültigkeit überzugehen. Da wurde es diesen Christen klar, daß das nicht geschehen *dürfe,* und daß sie auf ganz anderm Wege vorgehen müßten, um zum Ziele zu gelangen. Sie wollten nicht mehr untersuchen, wer recht und wer unrecht gehabt, was da und dort gemangelt hätte. Sie wollten zusammenkommen als solche, die *allesamt* gesündigt und gegen das große Gesetz der Liebe gefehlt hätten. Es kam ein Tag, da sie gemeinsam im Geiste nach Golgatha gingen, das war ihr Ausdruck. Unter dem Kreuz Jesu legte jeder das Bekenntnis *seiner* Schuld, *seiner* Rechthaberei, *seiner* Härte nieder. Und wie sie da gedemütigt zu des Heilands Füßen lagen, da floß sein Friede wie ein Strom in ihr Herz. Alles, was sie so lange getrennt hatte, war ausgelöscht und verschwunden, versenkt im Meer der Gottesliebe. „Wir haben unsre Anschauungen nicht wesentlich geändert" sagten sie, „aber wir haben gelernt, in die Anschauungen des andern einzugehen und sie zu verstehen. Wir können es heute kaum fassen, daß die Eigenheit und der Hochmut uns so lange getrennt gehalten und des Segens beraubt haben.“

Bei diesen Worten war es mir, als ob ein Engel durch das stille Zimmer flöge. Aber es war mehr als das. Es war ein Wehen des Heiligen Geistes. Es war etwas von dem köstlichen Balsam, der vom Haupte des Hohenpriesters herabfließt auf seine Glieder, etwas von dem Tau, der vom Hermon herniederfällt auf den Berg Zion. Denn wo Brüder einträchtig beieinander wohnen, da verheißt der Herr Segen und Leben immer und ewiglich (Ps. 133).

*

In ergreifender Weise erzählt der „Pilger aus Sachsen“ eine Begebenheit, die ich hier mit etlichen Kürzungen wiedergebe.

Einem im besten Sinn des Wortes vornehmen und frommen Manne, Geheimrat von F . . ., war durch ehrlose Handlung eines Verwandten großes Unrecht zugefügt worden. Als dieser später durch eigene Schuld ins Unglück geriet, half ihm der beleidigte Vetter großmütig aus, fügte aber hinzu: „Vergeben habe ich ihm, *aber sehen will ich ihn nicht wieder!*“

Es vergingen zwei Jahre, da wurde der Geheimrat schwer krank. Der Seelsorger der Gemeinde, der durch den Hausarzt erfahren hatte, es sei keine Hoffnung auf Besserung vorhanden, eilte an das Krankenbett des Mannes, der nicht nur ein hervorragendes Glied seiner Gemeinde, sondern ihm auch persönlich ein lieber Freund war. Man ließ ihn mit dem Sterbenden allein, und dieser fing selbst an, von dem nahen Ende zu reden. „Meine einzige Hoffnung“, sagte er, „ist, daß der Herr zu mir sprechen möge wie zum Schächer an seiner Seite: Heute wirst du mit mir im Paradiese sein!“

So sehr diese Gesinnung den Pfarrer einerseits freuen mußte, schwieg er doch still und schaute den Kranken traurig an. Betroffen faßte dieser seine Hand und fragte eindringlich: „Glauben Sie denn, daß er mir ein anderes Urteil sprechen wird?“

Der Geistliche schwieg noch einen Augenblick, dann sagte er mit tiefem Ernst: „Teurer Freund, haben Sie dies Urteil nicht alle Tage sich selbst gesprochen? Haben Sie nicht alle Tage gebetet: Vergib uns unsre Schuld, wie wir vergeben unsern Schuldigern!? Sie haben ja allerdings Ihrem Schuldiger vergeben; aber sehen wollen Sie ihn niemals wieder, wollen nichts mehr mit ihm zu tun haben. Wie, wenn es der Herr mit Ihnen auch so machen müßte? Wenn er spräche: Deine Sünden habe ich dir vergeben; aber meine selige Gemeinschaft kann ich dir nicht zuteil werden lassen; vor mein Angesicht darfst du nicht kommen!?“

Das waren schwere Augenblicke für den Kranken wie für den treuen Freund. Es trat eine heftige Herzbeklemmung ein, und der Pfarrer entfernte sich in großer Sorge.

Am nächsten Tage früh wurde er gerufen. Der Kranke wünschte mit seiner Gattin das heilige Abendmahl zu empfangen. Wie war aber dem Seelsorger zumute, als er beim Eintritt in das Zimmer noch einen dritten Abendmahlsgast fand! Es war jener Mann, den der Geheimrat nie wieder hatte sehen wollen.

Leise flüsterte der Sterbende: „Gott sei Dank, es war

noch Zeit für mich, ihm zu vergeben, wie ich hoffe, daß mir selbst vergeben werden möge!“

*

Ja, das *Vergeben,* das Jesus von seinen Jüngern verlangt, umfaßt viel. Liebet eure Feinde; segnet, die euch fluchen; tut wohl denen, die euch hassen; bittet für die, so euch beleidigen und verfolgen (Matth. 5, 44)! *Bittet für sie!* Das sagt der, der später unter Marterqualen betete: „Vater, vergib ihnen; denn sie wissen nicht, was sie tun!“ Das sagt der, von dem wir singen:

> Dein Dienst ist Leben, Kraft und Ruh';
> denn, was du forderst, schenkest du.

Über den eben angeführten Text predigte einst Pfarrer Emanuel Preiswerk in seiner ehrwürdigen Waisenhauskirche zu Basel. Er sagte in seiner kindlich lautern Weise: „Für seine Feinde beten, heißt nicht etwa sagen: Herr, zeige ihm doch, daß er mir Unrecht tut! Gib, daß er meine Unschuld erkennt und mir seine Liebe wieder zuwendet! Für den Feind beten, heißt: ihm von Gott das erbitten, was ihm gut und heilsam ist. Es ist nicht immer leicht, das mit wahrhaftigem Herzen zu tun. Aber es *muß* geschehen, und darum *kann* es geschehen. Mehr als einmal“, fügte er hinzu, „habe ich bei solchem Beten sagen müssen: Ach, lieber Heiland, schau, es will mir fast vorkommen, als sei ich unwahr in meinem Gebet! *Aber es soll wahr sein.* Ich bitte wirklich für den, der mich beleidigt hat. Schenke ihm deine Gnade! Segne ihn! Achte nicht auf die Regungen meines Fleisches, die dagegen protestieren wollen! Erhöre das Flehen, das dein Geist mir in Aufrichtigkeit dir darzubringen hilft!“

Mir scheint, wenn man so gebetet hat, dann ist der Feind kein Feind mehr.

Ich will mir nicht versagen, noch ein Beispiel aus dem Leben hier anzuführen. Bei einer lieben alten Witwe, die mit einer einzigen treuen Dienerin ein Häuschen etwas außerhalb ihres Dorfes bewohnte, wurde eines Nachts eingebrochen und manch wertvolles Gerät entwendet. Ganz bestürzt kam Rike, die treue Magd, des Morgens in das Zimmer ihrer Frau und erzählte ihr, in welchem Zustand sie Küche und Wohnzimmer gefunden. Der alten Frau ging es sehr nahe, und sie fand lange kein einziges Wort. Endlich sagte sie: „Rike, es will mir vorkommen, als habe der Dieb schon lange niemand gehabt, der für ihn betete. Ich meine, der liebe Gott hat das geschehen lassen, *damit wir für diesen Menschen beten.*“

*

„Groß ist es, dem Feinde zu vergeben; *größer noch, sich von ihm vergeben zu lassen.*“ Dies Wort, das einem bedeutenden Staatsmann zugeschrieben wird, enthält eine tiefe psychologische Wahrheit. Sie mahnt uns an jenes andere Heilandswort in dem schon angeführten Kapitel: „Wenn du deine Gabe auf dem Altar opferst und wirst allda eingedenk, *daß dein Bruder etwas wider dich habe,* so laß allda vor dem Altar deine Gabe und gehe zuvor hin und versöhne dich mit deinem Bruder, und alsdann komm und opfre deine Gabe!“ (Matth. 5, 23. 24). Diese Mahnung hat schon manch aufrichtiges Herz bekümmert, und mit Recht. Man klagt: Ich habe nichts gegen meinen Bruder; aber er hat etwas gegen mich. Wie kann da geholfen werden? Wir können nichts

Besseres tun, als den Rat genau zu befolgen, so wie er da steht. Will der Bruder trotzdem nicht vergeben und von seinem Groll nicht lassen, so bleibt uns nichts übrig, als die Sache dem Herrn zu übergeben und den dennoch zu lieben, der uns nicht lieben will.

Ein Ausdruck in diesem Abschnitt spricht uns alternden Leuten besonders zum Herzen. Er mahnt uns, die Zeit zu benutzen, da wir mit dem Widersacher *noch auf dem Wege sind.* O, es ist gut, alles ins reine zu bringen, jede Unordnung zu schlichten, um freudig bereit zu sein, wenn der Herr uns abruft! Mit großem Ernst sprach Samuel Zeller in Männedorf einst über das Thema vom Widersacher, vom Richter und vom Kerker und schloß mit den einschneidenden Worten: „Gott rechnet nicht nur mit Millionen, sondern auch mit Hellern." Unter den Zuhörern war einer, der schon lange in der Kerkerhaft der Schwermut saß. Das Wort schlug ein, und der Gefangene erkannte die Sünde, die ihm das Licht der Gnade verdeckt hatte. Es war noch Zeit, alles ins reine zu bringen. Er war auf dem Wege, fand Vergebung und wurde frei und froh.

*

Ein liebliches Bild soll diesen Abschnitt beschließen. Ein Knecht Jesu Christi kam einst „aus Versehen", wie man sagt, in die Wohnung einer Witwe in mittleren Jahren, die ihn freundlich empfing und aufforderte, Platz zu nehmen. Bald entspann sich ein anregendes Gespräch, und der Prediger erkannte in der Frau eine gläubige, wenn auch zagende und etwas unklare Christin. Er führte deshalb das Gespräch auf den Segen des Wortes Gottes und der Gemeinschaft mit seinen Kindern. Er berührte dabei auch das heilige Abendmahl, bemerkte aber bei diesen Worten einen Zug der Unruhe auf dem bis dahin friedlichen Antlitz seines Gegenübers. Sie bekannte auch mit einer gewissen Schärfe, sie sei schon manches Jahr nicht mehr zum Tisch des Herrn gegangen. Ein Wort gab das andere, und endlich sagte die Frau, daß sie mit ihrer Schwiegermutter entzweit sei, sich mit ihr nicht versöhnen könne und darum auch dem Abendmahl fernbleibe.

Der Knecht des Herrn machte sie in Treue aufmerksam auf die Gefahr, in der sie stehe, und bat sie eindringlich, sich mit der Schwiegermutter wieder in Verbindung zu setzen.

„Das kann ich nicht", war die Antwort; „sie hat mich zu schlecht behandelt. Sie müßte zuerst eine Annäherung suchen; aber das wird sie nie tun."

Das klang alles sehr hart und scharf.

„Dann müssen Sie eben den Anfang machen", sagte der Freund. „Etwas Schuld werden Sie doch auch haben, wenn es auch nur die Erbitterung wäre, die Ihr Herz jetzt erfüllt."

Der Besucher ging, die Frau blieb in großer Aufregung zurück.

Die Worte treuer Mahnung, die der „aus Versehen" in ihr Haus gekommene Bote Gottes gesprochen hatte, blieben nicht ohne Frucht; doch es dauerte lange, bis die Eiskruste, die sich um das verletzte Herz gelegt hatte, von dem göttlichen Feuer zu schmelzen begann. Aber es geschah. Es fing damit an, daß das Licht von oben, dem sie sich nicht verschloß, der Witwe zeigte, *wo* sie bei aller Vortrefflichkeit es doch hatte fehlen lassen. Mit dieser Erkenntnis im Herzen beschloß sie, bei der

Schwiegermutter einen Besuch zu wagen. Mehr als einmal ging sie bis an das Haus, ohne den Mut zu finden, hineinzugehen.

Aber endlich besiegte das Verlangen nach Frieden auch diesen letzten Rest von Furcht. Sie trat in die Gegenwart der betagten, weißhaarigen Frau mit den Worten:

„Mutter, willst du mir vergeben?"

Einen Augenblick brauchte die Greisin, um die überraschende Tatsache zu begreifen. Aber dann breitete sie die Arme weit aus, schloß die längst vermißte Schwiegertochter ans Herz und rief mit Tränen:

„Mein Kind! Ich habe an dir gefehlt, viel mehr als du an mir. *Willst du mir vergeben?*"

Das war Freude!

## ALLE EURE SORGEN

Hast du eine Sorgenlast,
die dir raubet Ruh' und Rast?
Jesu Herz dir offen steht:
Mach aus Sorgen ein Gebet!

Mein teurer Vater war ein groß angelegter und starker Mann; dabei vermochte er mit ungemein zartem Verständnis einzugehen auf die Empfindungen und Fragen der Schwachen. Ich erinnere mich gut, wie er zu einer Zeit, da ich noch wenig wußte von solcher Not, einmal sprach über das Wort: Alle eure Sorgen werfet auf ihn; denn er sorget für euch (1. Petr. 5, 7). Diese Ermahnung, sagte er, ist eine liebliche Ergänzung zu dem Heilandswort: Ihr sollt nicht sorgen! und zu dem kategorischen Imperativ des Paulus: Sorget nicht! Jeder von uns versteht und weiß gar wohl, was seine innerste spezielle Sorge ist. Man kann sie kaum dem liebsten Freunde völlig anvertrauen; es würde sie wohl niemand ganz verstehen. Diese *deine* Sorge, ob groß, ob klein, sollst du aber nicht selbst tragen. Wirf sie auf den Herrn; du darfst, du sollst es tun. Er ist mächtig zu helfen. Die Bürde, die dich niederdrückt, trägt er auf starkem Arm. Er spricht dir die Sorge nicht ab; sie ist da. Er kennt sie, und er will sie tragen. *Er sorgt für dich.* So etwa sprach mein Vater.

Welch kostbares Wort ist das für alte, müde Wanderer! Wie gut können wir solch kräftige Stütze brauchen! Trage deine Bürde nicht eine Stunde länger, mattes Herz! Wirf sie auf deinen Gott. *Werfen!* Es braucht dazu einen festen, starken Entschluß. Psalm 55, 23 steht in einer alten Übersetzung das Wort: „*Wälze* dein Anliegen auf den Herrn!" Auch dieser Ausdruck ist vielsagend. Laßt uns den gnädigen Befehl befolgen! Der Herr sorgt für die, die ihm ihre Sorgen überlassen.

*

Es gibt mancherlei Sorgen. Wir denken zunächst an

*Sorgen der Vergangenheit.*

Sie sind oft die peinlichsten von allen. Sie kommen gern in nächtlicher Stunde, kommen meist in dichten Scharen und in verworrenen Umrissen. Sie halten uns vergangene Fehler und Versäumnisse vor, deren wir uns aus Nachlässigkeit oder Ungehorsam schuldig gemacht haben. Gar trefflich sind diese Gedanken gezeichnet in dem Gedicht *„Der Geist der Nacht"*, dessen Verfasser ich bis heute vergeblich zu erkunden gesucht habe.

„Kennest du den finstern Geist,
der mit rauschendem Gefieder
nächtlich um dein Lager kreist
und, wenn er sich senkt hernieder,
dir mit vorwurfsvollem Ton
Worte flüstert wie im Hohn?
*Hätt' ich* das nur recht gemacht!
*Hätt' ich* jenes nicht begangen!
*Hätt' ich* das nur wohlbedacht!
*Hätt' ich* anders angefangen!
*Hätt' ich* das nur nicht versehn,
wäre manches nicht geschehn."

Ja, diese zurückblickenden Gedanken, diese vorwurfsvollen „Hätt' ich! Wär' ich! Wüßt' ich!" können die Seele furchtbar peinigen, halten den erquickenden Schlummer fern und rauben dem Herzen den Frieden.

Nicht oberflächlich sollen diese Sorgen behandelt werden, ob sie bei Tag oder bei Nacht kommen. Wir wollen kein Narkotin, kein geistig betäubendes Schlafmittel, das die Not nur zum zeitweiligen Schweigen bringt. Nein, wir wollen Heilung und Befreiung. Unser Wort zeigt uns den Weg dazu: Alle eure Sorgen *werfet auf den Herrn!* Sagt ihm alles, alles, was das Herz bewegt! Laßt sein Licht hineinleuchten in die düsteren Nebel, die das Gemüt umfloren! Was in der Vergangenheit gefehlt und gesündigt, versäumt und falsch gemacht worden ist, soll klar erkannt und unumwunden bekannt werden. Wo Bekenntnis der Schuld ist, da kommt Befreiung, Vergebung, Kraft und Friede. Was nur immer in demütigem Glauben auf den Herrn geworfen wird — Sündenlast, Schuldenlast, Sorgenlast —, das nimmt und trägt er. Wohl ist das Psalmwort zu bedenken: „Du, Gott, erhörtest sie; du vergabst ihnen und straftest ihr Tun" (Ps. 99, 8). Der Vater muß um seiner Gerechtigkeit und Treue willen sein Kind züchtigen, wenn es gefehlt hat. Wer aber solche Strafe gebeugt und gehorsam annimmt, darf es staunend erfahren, wie sie umgewandelt werden kann in Segen. So heißt es auch in dem obenerwähnten Gedicht:

„Hab' ich was nicht recht getan,
ist's mir leid von ganzem Herzen,
und dagegen nehm' ich an
meines Heilands Tod und Schmerzen.
Sein für mich vergoßnes Blut
macht auch meinen Schaden gut."

Eine alte treue Christin hatte jahrelang unter den Angriffen jenes „Geistes der Nacht" gelitten. Wohl hatte sie immer wieder beim Herrn Hilfe gefunden; aber den Weg zu bleibendem Frieden kannte sie nicht. Da wurde es ihr klar, daß jene quälenden Gedanken dem Unglauben entsprangen, und daß sie in der Kraft des Blutes Jesu und durch den Geist der Gnade den Feind überwinden könne und müsse. Und es geschah ihr nach ihrem Glauben. Sooft die Anklagen wiederkehren wollten, griff sie zum erprobten Mittel, stellte alles unter das klare Licht des Wortes, vertraute dem vollgültigen Opfer des Lammes Gottes und war frei.

*

Aber es gibt auch brennende

*Sorgen der Gegenwart.*

Hier handelt es sich zumeist um Sorgen der Nahrung und des Erwerbs. Wohl gehen solche Sorgen die auf der Höhe des Lebens stehenden Männer und Frauen in ganz besonderer Weise an. Gottlob, es gilt auch ihnen unser großes Wort: „Alle eure Sorgen werfet auf ihn; denn er sorgt für euch." Aber wir älteren Leute leiden und sorgen mit, und gerade unsere Unfähigkeit zu helfen drückt oft schwer auf das Gemüt. Kann man da dem Worte Folge leisten: „Ihr sollt nicht sorgen!"? Gewiß! Gerade der Umstand, daß es ein Gebot des Herrn ist, gibt dem Gläubigen die Kraft, es zu erfüllen.

Treu und fleißig das Nötige besorgen, Weisheit und Verstand erbitten und anwenden, um die richtigen Mittel und Wege zu finden, Morgen für Morgen den vor uns liegenden Tageslauf mit dem Herrn besprechen, sorgfältig achten auf die Vorschriften von Gottes Wort, das soll die Übung der Alten und der Jungen sein. Aber ängstlich sorgen und verzagen soll und darf kein Gotteskind. Tausendfach hat es gerade in den letzten Jahren immer wieder geheißen: „Es ging durch große Nöte und durch tiefe Wasser, aber der Herr hat uns dennoch geholfen." Ja, es ist das Zeugnis mancher Gotteskinder, die durch Schreckenstage gegangen sind, daß sie in der Stunde wirklicher Not und Gefahr stärker und freudiger waren als in den vorhergehenden Tagen banger Erwartung.

Eine tiefgehende Sorge, die manches gläubige Herz erfüllt, betrifft das Seelenheil geliebter Angehöriger. Dürfen wir auch *diese* Sorge auf den Herrn werfen? Ach, was sollen wir anderes, was können wir Besseres tun? Freilich, solches Werfen ist kein Kinderspiel, es ist kein Ruhekissen für die Trägheit. „Ich habe gewünscht, verbannt zu sein von Christo für meine Brüder nach dem Fleisch", bekennt ein Paulus in der überströmenden Fülle seiner Liebe (Röm. 9, 3). Solches Rufen findet ein Echo in manchem Vater- und Mutter-, auch in treuen Großelternherzen. So flehte einst die kanaanäische Mutter um ihr Kind. Sie warf sich selbst *samt ihrer unerträglichen Last* dem großen Helfer zu Füßen und durfte nach langem, heißem Ringen das Wort hören: „O Weib. dein Glaube ist groß; dir geschehe, wie du willst!" Viele von uns kennen solchen Kampf. Es ist nicht ein Belasten, sondern ein *Entlasten.*

Oft gilt es, lange auf Erhörung zu warten; denn der Starke läßt nicht leicht die Seele los, die er in seinen Bann bekommen hat. Aber der Stärkere ist auf dem Plan. Ihm bleibt unsere Sache befohlen.

Nachstehende Erfahrung habe ich von einem der Beteiligten vernommen:

Zu einem Evangelisten kam nach einer Versammlung eine Mutter und klagte ihm ihr bitteres Leid um einen ungeratenen Sohn.

„Haben Sie ihn dem Herrn von ganzem Herzen anvertraut?“ wurde sie gefragt.

„Ich habe von Anfang an immer für ihn gebetet“, schluchzte die Mutter.

„Wollen wir ihn in dieser Stunde noch einmal im völligen Glauben Gott übergeben, ihn seiner Führung überlassen mit dem Flehen, daß er ihn rette um jeden Preis?“

Die Mutter war von Herzen willig, und das Gebet des Glaubens stieg empor zum allmächtigen Gott.

Wenige Tage später kam die Mutter frühmorgens in großer Aufregung zu dem Prediger und stieß die Worte hervor: „Jetzt ist alles, alles vorbei! Heute nacht ist mein Junge fort! Auf dem Tische fand ich am Morgen nur einen Zettel mit den Worten: ‚Leb wohl, Mutter! Ich gehe zur See.‘ “

Der Jammer war groß. „Wir haben ihn Gott völlig anvertraut“, sagte endlich der Prediger. „Wir dürfen nicht wankend werden. Der Junge ist in Gottes Hand.“ Und abermals beugten sie die Knie, hielten dem Herrn seine Verheißung vor und stärkten sich im Vertrauen.

Drei Wochen waren erst vergangen, da hörte die Mutter eines Abends starke, hastige Fußtritte auf ihrer schmalen Treppe.

„Mein Junge, mein Junge!“ rief sie. „Kann es denn sein?“

Ja, er war's! Das Schiff, auf dem er im Leichtsinn und Ungehorsam entflohen war, hatte im Golf von Biskaya Schiffbruch erlitten. Manche Stunde hatte der Jüngling in den tosenden Wellen in Todesangst geschwebt. Da war ihm Gott begegnet. Der Stärkere hatte den Starken überwunden. Als ein neuer Mensch kam der verlorene Sohn heim zu seiner Mutter und zu seiner Mutter Gott.

Es geht freilich nicht immer so schnell. Der Prediger selbst hatte einen Sohn, der viele Jahre fernblieb vom Herrn. Wie lange mußte Augustins Mutter auf Erhörung ihrer Gebete warten! Aber endlich wurden sie doch erhört.

*

Und was soll man sagen über die

*Sorgen der Zukunft?*

Nach unseres Heilands Wort sind solche Sorgen die unnötigsten von allen. Gar liebreich geht er ein auf das Bangen des Herzens in bezug auf unsere äußeren Bedürfnisse. Er weist hin auf die Vögel unter dem Himmel, die so vertrauensvoll in ihren schwanken Nestern ruhen, auf die Lilien des Feldes, deren strahlendes Gewand alle Königsherrlichkeit übertrifft, und fragt: „Seid ihr denn nicht viel mehr als sie?"

So kindlich froh und wohlgemut war die alte Negerin Hanna, die einst als Sklavin und nach dem Befreiungskrieg als Tagelöhnerin auf einer Plantage in Virginien lebte. Die „glückliche Hanna" hieß sie bei alt und jung, auch dann, als sie bei zunehmendem Alter ihre Hütte selten mehr verlassen konnte.

„Wie kannst du nur immer so vergnügt sein?" fragte einst die Gutsherrin mit einem gewissen Vorwurf in der Stimme.

„Ach, Missi, wie könnte ich denn anders als fröhlich sein mit einem so herrlichen Heiland?" war die Gegenfrage.

„Aber wie wird's dir gehen, wenn du einmal gar nichts mehr tun kannst?"

„Dann wird der Heiland für mich sorgen."

„Wenn du aber nichts mehr hättest? Wenn du Hunger leiden müßtest? Wenn niemand nach dir sehen würde?"

„Ach, Missi", antwortete Hanna mit einem fröhlichen Leuchten auf ihrem guten schwarzen Gesicht, *„ich sage niemals: Wenn!* Der liebe Gott ist ja immer da, und er weiß alles."

Glaubenszuversicht ist ein wunderbares Geschenk der Gnade. Sie erfordert kindliches Vertrauen und kindlichen Gehorsam. Die vorhin angeführte Stelle vom Nichtsorgen faßt der Herr zusammen in dem Wort: „Trachtet am ersten nach dem Reiche Gottes und nach seiner Gerechtigkeit, so wird euch solches alles (nämlich was zum irdischen Leben nötig ist) zufallen." O daß es nur bei uns alten und jungen Christen mit diesem lauteren, intensiven *Trachten* seine Richtigkeit hätte! Dann würden wir mehr Wunder des *Zufallens* von Gottes guten Gaben erleben.

Aber solche Wunder erfahren viele, und ich bin gewiß, manche meiner Leser könnten es aus froher Erfahrung und auf mancherlei Gebieten bestätigen. Wie herrlich und glaubenstärkend sind die Berichte eines August Hermann Francke in Halle, eines Georg Müller in Bristol, eines Ludwig Harms in Hermannsburg, um nur einige zu nennen aus der Wolke von Zeugen, die es uns sagen: *„Der Herr sorgt für uns!"*

Hudson Taylor (1832—1905), der Mann, der mit apostolischer Kraft für die Ausbreitung des Evangeliums in China gewirkt hat, liebte besonders das Lied:

„Herr, ich ruhe, ja, ich ruhe
in dem, was du für mich bist."

Er sang es einmal ganz leise in einer Zeit besonderer Bedrängnis. „Wie kannst du jetzt nur singen?" fragte einer seiner Mitarbeiter. — „Hättest du lieber, ich würde jammern?" war die Antwort. „Das würde mich ja nur für die Arbeit unfähig machen. Meine Aufgabe ist es, *unser Anliegen auf den Herrn zu werfen; er ist es, der uns versorgen wird.*" Das war das Geheimnis seiner Kraft.

Als der völlige Zusammenbruch der Kräfte ihn einmal genötigt hatte, nach Europa zurückzukehren, sagte er in einer Zeit großer körperlicher und seelischer Leiden: „Ich kann nicht lesen, kann nicht klar denken, kann oft nicht einmal beten. *Aber ich kann vertrauen.*" Mit einem herrlichen Sieg des Evangeliums in der Stadt Changsha, einst ein wahres Bollwerk des Heidentums, schloß der Glaubenslauf des alten Streiters Jesu Christi.

*

Auf eine „Zukunftssorge" muß noch hingewiesen werden. Es gibt für uns alternde Pilgrime keine herzbeweglicheren Fragen als die um unsere Lieben. Wie wird es meinen Kindern gehen, wenn ich nicht mehr da bin, wie mit den mir anvertrauten und ans Herz gewachsenen Aufgaben? Was für Kämpfe und Leiden mögen den Meinigen noch bevorstehen, den Großen und insonderheit den lieben Kleinen? Aus manchem treuen Auge liest man solche Fragen, auch wenn die Lippen davon schweigen. Blind müßte man sein und gefühllos, wenn solche Gedanken nicht etwa einmal das Herz beschlichen. Aber auch hier heißt es:

Ob mir nahet Sorg' und Schmerz,
eine Antwort hat mein Herz:
*Jesus!*

Ja, er ist da, gestern und heute und derselbe auch in Ewigkeit.

Die Gnade, die den Alten
ihr Weh half überstehn,
sie wird auch uns erhalten,
die wir in unserm flehn.

Sie wird auch von unseren Kindern nicht weichen, ob auch Berge weichen und Hügel hinfallen. Die Zeiten sind ernst und werden immer ernster. Not und Verfolgungen künden sich an. Aber sollte es auch zu neuem Martyrium kommen, so wird es auch zu neuen Siegen und zu neuen Kronen führen.

Eine sonst sehr geistreiche Frau schrieb in diesen bewegten Zeiten: „Ich befolge die Vogel-Strauß-Politik." Damit wollte sie sagen, daß sie ihre Augen vor den kommenden, unheildrohenden Ereignissen verschließen wolle. Ihre Gesinnung war ohne Zweifel viel besser als ihre Worte. Armer, törichter Vogel Strauß, der seinen Kopf in den Wüstensand oder unter sein eignes Gefieder verbirgt, um die Gefahr nicht zu sehen! Und armes, schwaches Menschenherz, das in sich selbst und in den Dingen dieser Erde Bergung sucht zur Zeit der Not! David wußte es besser: „Sei mir gnädig, Gott, sei mir gnädig; denn auf dich trauet meine Seele, und *unter dem Schatten deiner Flügel* habe ich Zuflucht, bis das Unglück vorüber ist" (Ps. 57, 2). Ja, da ist Ruhe für Vergangenheit, Gegenwart und Zukunft. Dies Wort ist nur eine Variante zu unserem Thema: „Alle eure Sorgen werfet auf ihn; denn er sorget für euch."

# NACHTWACHEN

Nun kehr' ich bei dir ein;
Herr, rede du allein
beim tiefsten Stillesein
zu mir im Dunkeln!

*Nachtwachen.* — Dies Thema darf nicht unberührt bleiben in einem Büchlein, das sich an das Alter wendet. Es gibt etwas, das im Leben mancher älteren Leute eine große Rolle spielt und für viele ein wirkliches Leiden bedeutet. Ich meine die *Schlaflosigkeit.* Der Abschnitt, der davon handelt, braucht nicht lang zu sein; denn was zu sagen ist, läßt sich kurz zusammenfassen. Wenn es sich nur ebensoleicht ausführen ließe!

Ich denke jetzt nicht an die kummervollen Nächte, die Sorge und Schmerz uns oftmals bringen; dies habe ich im vorigen Abschnitt gestreift. Ich meine die peinliche Unfähigkeit, den unserem Organismus so nötigen erquickenden Schlaf zu finden. Nur der kann diese Not verstehen, der sie aus Erfahrung kennt.

Schlaflosigkeit ist zunächst ein physisches Leiden, eine Folge von Überreizung oder Übermüdung der Nerven. Es tut ganz gut, sich das in aller Einfalt zu sagen und sich nicht in quälende Gedanken über die Ursache dieses Übels zu verlieren. Aber wie jedes andere Leiden darf auch dieses dem Herrn, *unserem Arzt,* vorgelegt und von ihm auch hierfür Hilfe und Erleichterung erbeten und erwartet werden.

Darf ich zuerst ein paar ganz äußere kleine Ratschläge geben? Daß abends der Genuß von Tee und Kaffee ganz unterbleiben muß, ist allgemein bekannt. Etwas Kamillen-, Lindenblüten- oder Orangeblütentee, kurz vor

Tagesschluß eingenommen, kann recht heilsam wirken.

Ein ehrwürdiger Arzt riet seinen an Schlaflosigkeit leidenden Patienten, nachts stets ein Stückchen Brot oder sonst etwas Eßbares in der Nähe zu haben. „Wenn die Kopfnerven zu lebhaft sind", pflegte er zu sagen, „muß man den Magennerven etwas zu tun geben, um die ersteren zu entlasten." — Erfrischende Waschungen des ganzen Körpers beim Zubettgehen — und, wenn es nötig ist, auch in der Nacht, wenn sich kein Schlaf einstellen will — tun sehr gute Dienste. Auch nasse Umschläge auf den Nacken oder um die Füße können helfen.

Schlafmittel sind möglichst zu vermeiden; man begibt sich durch deren Genuß in eine Sklaverei, die immer stärkere Dosen erfordert.

Für Nachtstunden, in denen man absolut keinen Schlaf finden kann, ist eine angemessene Lektüre eine große Wohltat. (Ich mache darauf aufmerksam, daß ich für alte Leute schreibe; den jungen würde ich diesen Rat nicht geben.) Selbstverständlich wird ein Christ nur solchen Lesestoff wählen, der ihm förderlich sein kann, z. B. gute Lebensbilder oder auch fein geschriebene Erzählungen, wie wir sie unserer reiferen Jugend gern in die Hand geben.

Aber das allerbeste Buch ist unsere teure Bibel. Worte aus Gottes Wort dringen oft in nächtlicher Stille mit vorher nicht gekannter Macht in die Seele ein. Eine biblische Szene sich lebhaft und eingehend vorzustellen, ist eine wohltuende Übung, z. B. die Heilungen, mit allen den so wahrheitsgetreu geschilderten Nebenumständen. Auch andere Bilder aus dem Leben heiliger Männer Gottes Alten und Neuen Testaments, besonders aber aus dem Erdenwandel des Herrn Jesus, sind köstlich. Die

Gott, mein Schöpfer der Lobgesänge
giebt in der Nacht Hiob 35.10

Nötigung, das vibrierende Gedankenrad des Gehirns auf einen Punkt zu fesseln, hilft zu dessen Stillung.

Wohl denen, die sich in der Jugend einen Schatz von Bibelstellen und geistlichen Liedern eingeprägt haben! Solche zu wiederholen, ist bei nächtlichem Wachen eine vortreffliche Übung. Besonders wichtig ist dies, wenn das Augenlicht versagt. Ich kannte einen alten Herrn, der oft stundenlang die Lieder vor sich hinsummte, die er als Kind gelernt hatte; sein Gesicht leuchtete dabei in stillem Herzensfrieden.

*

Eine Erfahrung, die der bekannte Dr. Torrey mitteilt, mag hier eine Stätte finden. Er erzählt:

„Zwei lange Jahre hindurch litt ich an peinlicher Schlaflosigkeit. Abend um Abend ging ich todmüde zu Bett und war so schläfrig, daß ich mich kaum zu halten wußte; aber einschlafen konnte ich nicht. Das waren zwei schwere Jahre, und es schien mir manchmal, als müsse ich den Verstand verlieren, wenn nicht bald Hilfe käme. Gottlob, sie kam, und während mehrerer Jahre konnte ich meine Arbeit mit voller Kraft tun.

Da, eines Abends ging ich wie sonst zur Ruhe in der Missionsanstalt, die ich mit den Seminaristen bewohnte. Aber kaum hatte mein Haupt das Kissen berührt, als das böse Gespenst der Schlaflosigkeit mich wieder umfing. Wer einmal unter diesem Bann gelitten hat, vergißt ihn nie wieder. Mir war's, als spräche der unliebsame Gast zu mir: ‚Hier bin ich wieder an deiner Seite für abermals zwei Jahre.' Das war mir schrecklich.

Aber an jenem Tage hatte ich in den Morgenstunden zu den Schülern unseres Hauses von der Person und dem Amt des Heiligen Geistes gesprochen und hervorgehoben, daß er ein *immer gegenwärtiger Freund und Beistand* der Seinen sei. ‚Was war es doch, das du heute morgen deinen Schülern so freudig bezeugtest?' fragte ich mich. ‚Was hast du ihnen gesagt von dem wirksamen Beistand des Heiligen Geistes? Sollte das nicht auch dir gelten?' Ich betete: ‚Du Heiliger Geist Gottes, du bist ja hier! Ich bin nicht allein. Wenn du mir etwas zu sagen hast, so rede, Herr; denn dein Knecht höret!'

Und er erhörte mich. Er fing an, meiner Seele etwas mitzuteilen von seiner Gnade und Wahrheit, so daß ich mit tiefer Ruhe erfüllt wurde. Und dann — muß ich eingeschlafen sein; denn ich weiß nur, daß der nächste Morgen mich munter und dienstbereit fand. Sooft seither die Feindin Schlaflosigkeit ihre finsteren Schwingen regt, flüchte ich mich eilends zu meinem Beistand und Tröster und bitte ihn, mich zu lehren und zu bewahren nach seinem Wohlgefallen. Und er tut es."

*

Vielleicht darf eine Ährenlese von Bibelworten und anderen in unser Thema einschlagenden Gedanken dem einen oder anderen meiner Leser als ein kleines

*Nachtlichtlein*

einen bescheidenen Dienst tun.

„Der *Engel* des Herrn lagert sich um die her, so ihn fürchten, und hilft ihnen aus" (Ps. 34, 8). „Sind die *Engel* nicht allzumal dienstbare Geister, ausgesandt zum Dienste derer, die ererben sollen die Seligkeit?" (Hebr. 1, 14). „Lobet den Herrn, ihr seine *Engel,* ihr starken Helden, die ihr seinen Willen tut! Lobe den Herrn, meine Seele!" (Ps. 103, 20—22).

Wer durch den Glauben mit Gott verbunden ist, ist tatsächlich *niemals* allein.

*

Was mögen das für Zwiegespräche gewesen sein, die der heilige Gottessohn in stiller Nacht auf einsamer Bergeshöhe mit seinem Vater gehalten hat! Senke dich, mein Geist, in diese Tiefen, und suche auch du das Antlitz deines Gottes!

„Gott wohnt im Dunkel“, sagt uns das Wort an mehreren Stellen (1. Kön. 8, 12). „Mose machte sich hinzu ins Dunkel, darin Gott war“ (2. Mose 20, 21). „Wolken und Dunkel ist um ihn her“ (Ps. 97, 2). Für unsere Augen ist Gott in Dunkelheit gehüllt. „Aber Finsternis ist nicht Finsternis bei ihm, und die Nacht leuchtet wie der Tag. Finsternis ist wie das Licht.“ (Ps. 139, 12).

Nur in der Dunkelheit der Nacht sieht man die Sterne funkeln.

*

Gott hilft uns nicht immer am Leiden vorbei, aber er hilft uns *hindurch.*

*

Deine Zuflucht ist bei Gott, und unter dir sind ewige Arme. Wer sich in diesen Armen weiß, kann sicher ruhen.

*

„Seine Knechte werden ihm dienen und sehen sein Angesicht, und sein Name wird an ihren Stirnen sein. Und *wird keine Nacht da sein,* und sie werden nicht bedürfen einer Leuchte oder des Lichts der Sonne; denn Gott der Herr wird sie erleuchten, und sie werden regieren von Ewigkeit zu Ewigkeit“ (Offb. 22, 3—5).

# WOLLEN, WAS GOTT WILL

Soll's dir immer wohl ergehn,
o so sprich von Stund' zu Stund',
sprich's aus tiefstem Herzensgrund,
sprich es, ob auch bebt der Mund:
Herr, dein Wille soll geschehn!

Der fromme „*Gottesfreund* aus der Schweiz", genannt Johannes von Chur, der dem gelehrten Theologen Dr. Joh. Tauler von Straßburg († 1361) ein Wegweiser zur höchsten Gottesgelahrtheit geworden ist, hat als Richtschnur seines Lebens das Wort geprägt: Der vollkommene Mensch ist „*mit gott eins worden, wenn er nüt anders wil, denn alse gott wil*". Ja, *wollen, was Gott will,* das ist Friede, das ist Freiheit, das ist Freude! Da ist der langgesuchte Stein der Weisen gefunden, der Eisen in Gold verwandelt. Da ist der Stern aufgegangen, der die Nacht der Trauer erhellt. *Nichts wollen, als was Gott will,* das ist ein Stück Himmel auf Erden.

Es braucht oft ein ganzes Leben, bis diese Lektion gründlich gelernt ist; doch gibt es Beispiele von gottbegnadeten jüngeren Christen, die uns zeigen, wie überaus heilsam es ist, schon früh ganzen Ernst zu machen mit der Bitte: „Vater, *nicht, was ich will, sondern was du willst!*" Es ist das Gebet von Gethsemane, das Gebet, das Jesus selbst mit Geschrei und Tränen vor seinen Vater gebracht hat. Es ist das Gebet, das sichere Erhörung findet und durch Leiden zur Herrlichkeit führt. Ist solche Gesinnung für *alle* Gotteskinder köstlich, so ziemt sie doch ganz besonders uns älteren Leuten, die wir schon lange in Christi Nachfolge stehen und nahe am Ziel unseres Lebens sind.

Mit Wehmut und nicht ohne Beschämung schaut der alte Zionspilger oft zurück auf seine eignen ungestümen Jugendwünsche. Wie wollte er so gern durchsetzen, was er sich vorgenommen, auch wenn es sich als gefährlich oder gar als unrecht erwies! Wie klang es aus seinen Gebeten so deutlich hervor, wenn er es auch nicht zu sagen wagte: *„Herr, mein Wille geschehe!"* Wie bestürmte er den Himmel mit Bitten um Erlangung des gewünschten Zieles! Ach, und wenn er es dann hatte, erwies es sich nur zu oft als ein Trugbild der eignen Phantasie. Das zauberhafte Wesen, das er mit so heißem Ringen erfassen wollte, war ein bloßer Schatten; es zerrann unter seinen Händen.

Aber wenn er sich der Zucht der Gnade überließ, so lernte er es immer besser, seine Wünsche, seinen Willen, ja, die innersten Regungen seines Verlangens dem Willen seines Gottes unterzuordnen und seinen Blick auf das eine zu richten: Herr, daß ich nur von dir ungeschieden sei! Daß ich nur wandle auf dem Wege, den du mir erwählst und vorzeichnest! Daß nur dein Angesicht vor mir hergehe und ich mein herrliches Ziel erreiche: Jerusalem, die hochgebaute Stadt!

Solch ein still gewordenes Herz ist ein unschätzbares Gut. So bezeugte einst ein Greis in tiefstem Leid: „Der Wille Gottes ist wie ein sanftes Kissen, darauf ich mein Haupt niederlegen und in vollem Frieden ruhen kann." Völlige Ergebenheit in den göttlichen Willen schützt uns vor tausend Versuchungen. Herzliches Vertrauen in den Heiland bringt uns siegreich durch tausend Gefahren.

„Wünschst du noch etwas, Vater?" wurde der sterbende Melanchthon von seinem Arzt und Schwiegersohn Peucer gefragt. *„Nichts als den Himmel"*, lautete die

Antwort. Mehr als einmal habe ich mich an ähnlichen Zeugnissen ergötzt, und zwar nicht nur bei Sterbenden. Da spürte man etwas von jener *„vollen Genüge"*, die der Gute Hirte seinen Schafen zu geben verheißen hat.

Ist denn der Schmerz ausgeschaltet? Soll das Herz gefühllos werden? O nein! Hören wir den Psalmsänger: *„Wenn mir gleich Leib und Seele verschmachtet,* so bist du doch, *Gott,* allezeit meines Herzens Trost und mein Teil." O welch ein Schmerz ist hier ausgedrückt, und doch welch ein Trost! „Wenn ich nur dich habe, frage ich nichts nach Himmel und Erde." Da ist *Freude mitten im Leid.*

### *Ein Traumgesicht*

möge hier eine Stätte finden zu Nutz und Frommen alter und junger Reisegenossen.

Müde und matt hatte ich mich eines Abends unter die alte Linde gesetzt, die unsere Bergeshöhe krönt. Schon neigte sich die Sonne im Westen und vergoldete Wald und Flur mit ihrem milden Strahl. Vor mir lag die Ebene ausgebreitet bis hin, wo jenseits des Flusses ein blauer Höhenzug das schöne Landschaftsbild abschloß. Allmählich verschwamm mir die Wirklichkeit zu einem wunderbaren Traumbild. Die Ebene weitete sich ins Unendliche. Sie war durchfurcht von zahllosen Pfaden, die alle in verschiedenen Windungen dem einen Ziele, den leuchtenden Bergen, zuführten. Auf diesen schmalen Pfaden wandelten weißgekleidete Gestalten, Männer und Frauen, auch etliche Kinder. Über dem Haupte eines jeden dieser Pilger schimmerte ein sanftes Licht, bei den einen klar und deutlich, bei den anderen trüb und schwankend. Ich merkte bald, daß es da am hellsten strahlte, wo ihm am pünktlichsten Folge geleistet wurde. Eine Stimme sagte mir: „Siehe, diese alle sind Pilgrime, die der Herr aus dem Lande der Finsternis und des Todes erlöst hat, und die er nun leitet durch seine Barmherzigkeit zu seiner heiligen Wohnung, dem himmlischen Jerusalem. Ihre Füße sind durch des Königs Gnade gestellt auf den Weg des Friedens; nun sollen sie wandeln in seinem Licht zu der Heimat, wo er ihnen eine Stätte bereitet hat."

Je mehr mein Auge sich an den Anblick gewöhnte, desto mehr mußte ich staunen über die Mannigfaltigkeit der Wege, auf denen die einzelnen zu wandeln hatten. Hier gingen zwei oder auch mehrere zusammen in lieblichem Verein, und herzerquickend war es anzusehen. wenn etwa Kinder mit den Eltern auf dem schmalen Pfade wandelten. Dort zogen manche einsam ihre Straße; aber über allen schimmerte das milde Licht, das wie ein helles Auge über ihnen zu leuchten schien. Ich dachte an das Wort, das der Herr einst gesprochen hat: „Ich will dich mit *meinen Augen* leiten" (Ps. 32, 8).

Wie waren aber die einzelnen Wege so verschieden! Einige lagen ganz schlicht und gerade im freundlichen Sonnenschein, andere führten in seltsam verschlungenen Windungen steile Anhöhen hinan und dann wieder jäh hinunter; wieder andere senkten sich in dunkle Tiefen, wo es mir schien, als ob die Wanderer verlorengehen müßten in Nacht und Graus. Aber siehe da, ich sah sie wieder hervorkommen, kräftiger und aufrechter als zuvor!

Es war mir nicht möglich, allen einzelnen weiter zu folgen. Meine Blicke blieben an einer Gestalt haften;

diese wollte ich im Auge behalten. Lange war ihr Pfad außerordentlich lieblich. Blumen blühten ihr zur Seite, und das führende Licht über ihrem Haupte war so hell und klar, daß sie keinen Augenblick zu zaudern brauchte, sondern fröhlich sang auf den Wegen des Herrn. Plötzlich aber sah ich sie umgeben von einem dichten Nebel, der sie meinem Blick eine Zeitlang entzog. Aber es währte nicht lange. Es ward wieder licht um sie her, und mutig, wenn auch etwas gebeugter als zuvor, schritt sie weiter, bald aufwärts, bald abwärts, wie der Weg sie führte.

Aber nun, was war das? Warum blieb sie stehen? Warum schaute sie nach rechts und links, nur nicht *nach oben?* Ach, sie hatte offenbar auf einem Nebenpfad etwas erblickt, das ihr ganzes Herz erfaßt und eingenommen hatte. Dahin, ja, dahin wollte sie durchaus gelangen. Aber jener verlockende Weg war von dem ihrigen durch eine dichte Dornhecke geschieden. Zaudernd machte sie einige Schritte vorwärts, dann wieder zurück, und dann — mit plötzlichem Entschluß drängte sie sich gegen die Hecke, um sie zu durchbrechen und auf die andere Seite zu kommen. Es gelang ihr nicht trotz wiederholter Versuche, wohl aber wurden Gesicht und Glieder von den scharfen Dornen verletzt, und blutüberströmt sank sie auf die Erde nieder. „O mein Gott", hörte ich sie rufen, „warum verfährst du so hart mit deinem Kinde? Warum läßt du mich von diesen Dornen verwunden und so elend zu Boden geworfen werden?"

Wie gern hätte ich ihr zugerufen: „Törichtes Kind, merkst du es denn nicht? Die Dornen sind gar nicht auf deinem Pfad! Sie haben dich nur verletzt, weil du den Weg durchaus betreten wolltest, der dir aus guten Gründen verzäunt war, weil du etwas zu erreichen suchtest, was die göttliche Liebe und Weisheit dir vorenthalten mußten.“ Ich dachte an das schöne Wort:

Der fromme Gott macht dir gar keinen Schmerz,
die Unlust schafft in dir dein eigner Wille.
Drum gib ihn nur ganz willig in den Tod;
so hat's nicht Not.

Solcherlei Worte mochte wohl ein sanfter Lufthauch der weinenden Pilgerin auch zugeflüstert haben; denn sie blickte auf und rief: „O Vater, vergib, vergib! Ich habe gesündigt gegen den Himmel und vor dir. Vergib, daß ich dich nicht verstanden und deiner Zucht widerstrebt habe! Habe Dank, daß du mich nicht eigne Wege hast gehen lassen! Nimm mich aufs neue an!“

Ich will mich nicht mehr selber führen,
du sollst als Hirte mich regieren.

Dann nahm die Gedemütigte und Wiederaufgerichtete fest und still den Weg wieder unter die Füße und schritt weiter. O wie froh war ich! Denn aus dem üppigen Gras, das jenseits der Dornhecke wuchs, sah ich auf die funkelnden Augen einer Schlange, die dort auf Beute gelauert hatte. Unter dem Strahl des göttlichen Lichts wußte ich das schwache Kind geborgen.

Eine Zeitlang ging der Weg eben weiter. Doch dann wollte mich wieder große Angst überfallen im Blick auf meine Pilgerin. Ich sah von meinem erhöhten Standort aus, daß ihr Pfad ganz nahe an einem schauerlichen Abgrund vorbeiführte. Es schien mir, sie selbst erkenne die Gefahr nicht; denn sorglos schritt sie über das schlüpfrige Geröll, und ich zittere bei dem Gedanken, daß ein einziger falscher Tritt sie ins Verderben stürzen könnte. Da plötzlich machte sie halt. Hell strahlte das Licht in ganz anderer Richtung, und gehorsam, wenn auch zuerst etwas zögernd, folgte sie dem sicheren Leitstern und war aus der Gefahr errettet. Lebhaft klangen mir die Worte im Herzen:

Er gibt acht bei Tag und Nacht,
sein allsehend Auge wacht.

Mehr als einmal gesellten sich ihr traute Gefährten zu, und zusammen strebten sie dem Ziel entgegen. Oft galt es auch, Müde und Schwache zu stützen, Verirrten zurechtzuhelfen und Verwundete zu pflegen. Oft geschah es ganz schnell und unerwartet, daß die Wege wieder auseinandergingen, je nachdem das führende Licht die Wanderer dahin oder dorthin wies. Alles war planmäßig und gut geordnet. Und einige eilten wie im Fluge voraus. Ich ahnte wohl, was das zu bedeuten hatte, und wußte, daß mächtige Arme sie trugen in das Land des Lichts.

Auch von der Seite meiner Pilgerin ward ein Gefährte, an den sie sich eine Weile gelehnt hatte, ganz schnell abgerufen. Eben noch waren sie Hand in Hand an einem stillen Bächlein entlanggewandert, da erglänzte das Licht über dem Haupte des Freundes in zehnfacher Klarheit und wies nach oben. Ungesäumt folgte er dem Strahl und war dem Auge entschwunden.

Da hüllte eine dunkle Wolke die Vereinsamte ein. Aber siehe da, durch die Wolke hindurch schimmerte ein himmlisches Licht, schöner und reiner als je zuvor, und im Herzen klangen mir die Worte: „Wenn ich im Finstern wandle, so ist der Herr mein Licht.“

Und so zogen all die vielen, vielen Wanderer weiter, immer näher zum dunklen Fluß und näher den leuchtenden Bergen. Das einzelne verschwamm mir in der Entfernung, bis plötzlich ein heller Schein die Berge mit goldenem Glanz übergoß und die ganze Landschaft in Licht hüllte. Es war der letzte Strahl der untergehenden Sonne, der durch das Blätterdach der alten Linde zu mir drang und mich aus dem Traumland in die Wirklichkeit zurückrief.

Aber was ich geschaut hatte, war mehr als ein Traum. Vieles, was in meinem eignen Lebenslauf vorgefallen war, trat mir klar und deutlich vor die Seele. Jene durchkreuzten Pläne, jene unerfüllten Wünsche, jene Dornen, die mir damals so weh taten und doch in so heilsamer Weise den selbstgewählten Weg verzäunten, jene plötzliche Erkenntnis des gefährlichen Pfades, den ich einst ahnungslos am Abgrundrand verfolgte, all die vielen reinen Freuden, all das große, bittere Weh — es lag alles vor mir ausgebreitet wie die Bilder eines aufgeschlagenen Buches. Ich mußte einstimmen in das Bekenntnis meines seligen Vaters: *„Mein Leben ist eine Kette von Barmherzigkeiten“* und mit Gottfried Arnold singen:

> „So führst du doch recht selig, Herr, die Deinen,
> ja, selig, und doch meist verwunderlich!
> Wie könntest du es böse mit uns meinen,
> da deine Treu' nicht kann verleugnen sich?
>
> Die Wege sind oft krumm und doch gerad',
> darauf du läßt die Kinder zu dir gehn,
> da pflegt's oft wunderseltsam auszusehn;
> doch triumphiert zuletzt dein hoher Rat.“

Ich sah es so klar: Gottes Wille ist immer das Beste und Heilsamste für sein Kind. *Wollen*, was *Gott will*, ist die höchste Weisheit und die seligste Ruhe. Ach, daß ich es immer erkannt hätte, auch in den Stunden der Trübsal und des Schmerzes! Ach, daß ich ihn durch Glauben ehren möge jetzt und bis ans Ende, daß ich es versiegeln dürfte mit Wort und Tat: „Der Herr ist treu!"

Ja, Herr, von nun an bis in Ewigkeit: Nicht mein Wille, sondern dein Wille geschehe!

## IM KÄMMERLEIN

Ein Plätzchen weiß ich, meinem Herzen teuer,
da bin ich gern in Freud' und Trübsalsfeuer.
Wo mag es sein?
Es ist im stillen Kämmerlein.

Mein Vater, hör nach deinem Wort mein Flehen!
Gib Gnade mir, mit Freuden stets zu gehen
hinein, hinein,
auf dein Gebot ins Kämmerlein!

Daß wir armen sündigen Menschen durch das Gebet in Gemeinschaft treten können mit dem lebendigen Gott, ist etwas so Großes und Erhebendes, daß schon das bloße Drandenken uns mit Lob und Dank erfüllen muß. Daß Staub und Asche reden darf mit dem Herrscher aller Welten, daß Gott in seinem Worte seine Menschenkinder dazu auffordert und ihnen Erhörung verheißt, ja, daß durch die Jahrtausende hindurch ungezählte Stimmen es bezeugen: „Er erhört Gebet; er tut, was die Gottesfürchtigen begehren, und hilft ihnen", das stärkt die Zuversicht und hebt den Mut. Wie arm und öde wäre das Leben, wenn man nicht beten könnte! Das Gebet steht allen offen. „Der Herr hört die jungen Raben, die ihn anrufen" (Ps. 147, 9), sagt uns der Psalmsänger. Dies Wort ist schon manchem Gotteskinde, das sich sehr arm und elend fühlte, ein stiller Trost gewesen. Wenn er sogar der Raben Schrei zu Herzen nimmt, wie sollte er nicht auch auf mich hören?

Unter der großen Beterschar finden wir nicht nur gewaltige Helden wie Abraham, Mose, Samuel, Elia, Daniel, nein, es sind dabei auch viele Arme und Geringe, ganz Verborgene und Kleine. Ja, die Kleinen! Sind nicht eben sie es, die am lautesten schreien können? Dringt nicht eben ihr unablässiges Rufen durch alle Hindernisse hindurch und findet Erhörung?

Und was soll ich sagen von uns Alten? In diesem Stück, so scheint es mir, berühren sich Kindheit und Alter wunderbar. Die große, aktive Arbeit unseres Lebens hat bis zu einem gewissen Grade aufgehört, uns bleibt mehr Zeit als früher zum Gebet. Unsere Kraft hat in manchem Stück abgenommen, aber rufen, schreien, *beten* können wir noch, können es vielleicht besser als je zuvor.

Ich war im Zweifel darüber, welche Überschrift ich diesem Abschnitt geben sollte. Fast hätte ich geschrieben: Im Heiligtum, in Anspielung auf jene gottselige Hanna, die nicht aus dem Tempel wich, sondern Gott diente mit Flehen und Beten Tag und Nacht. Sie wäre uns in der Tat ein schönes Vorbild und soll uns ein Ansporn sein, im Heiligtum der Gottesgemeinschaft zu bleiben allezeit. Aber inniger, näher noch berührte mich das Wort, das unser Herr und Heiland selbst brauchte, als er den Jüngern seine kostbaren Instruktionen gab über das Gebet: „Wenn du betest, so gehe in *dein Kämmerlein* und schließ die Tür zu und bete zu deinem Vater im Verborgenen, und dein Vater, der in das Verborgene sieht, wird dir's vergelten öffentlich."

*Dein Kämmerlein!* Wie traut und heilig mutet dieser Ausdruck uns an! Ein stilles Plätzchen muß es sein, wo der Lärm des Alltags auf ein Weilchen ausgeschlossen ist, wie jene abgesonderten Räume, in die man uns führt, wenn wir mitten im Getriebe der Großstadt ein Telephongespräch anknüpfen wollen.

Die meisten von uns haben wohl solch ein Plätzchen,

das sie in besonderer Weise zu ihrem „Kämmerlein“ gemacht haben oder doch machen könnten. Auf den Ort kommt es nicht an, aber auf das *Stillesein vor Gott.* Wie die lichte Wolke der Gottesgegenwart den Tempel Israels erfüllte und der Weihrauch des Gebets zum Himmel aufstieg, so weht der Odem Gottes um die Stätten, wo seine Auserwählten zu ihm rufen Tag und Nacht.

Ein junger Mann, der einst bei der Rückkehr von einer langen Reise seine fromme Mutter nicht mehr am Leben fand, brach beim Betreten ihres Zimmers in die Worte aus: „O wie wohl ist es mir hier! Jeder Stuhl duftet von den Gebeten meiner Mutter.“

Das Gebet ist das Atemholen der Seele genannt worden, und es ist es auch. Aber so wichtig und göttlich natürlich es ist, nach des Apostels Weisung zu *beten ohne Unterlaß,* wie wir auch ohne Unterlaß atmen, so notwendig ist es doch, zu gewissen Stunden sich in besonderer Weise zu versenken in die Gemeinschaft mit Gott und daraus Kräfte der Ewigkeit zu ziehen. Die Taucher auf dem Meeresgrunde müssen ihre großen Glocken (so nennt der Taucher seinen Apparat) immer neu füllen lassen mit der reinen Luft von oben, um die Stickluft der Tiefe ohne Schaden ertragen zu können. Solch ein immer neues Füllen sucht der Christ im Gebet.

Ich suche dein Antlitz, mich dürstet nach dir;
mein Gott und mein König, o neig dich zu mir!
Still liegt meine Seele in Demut gebückt
und harrt, bis dein Leuchten sie stärkt und beglückt.

Besprengt mit dem Blute darf freudig ich nahn,
du hast ja gerufen, geöffnet die Bahn;
kein Nebel, kein Schleier soll trüben dein Licht;
ich faß dich im Glauben und lasse dich nicht.

*

Nachstehende Gedanken möchten als eine bescheidene

*Anleitung zum Gebet*

dem einen oder anderen meiner Leser eine kleine Handreichung bieten.

Nach meiner Erfahrung ist es sehr heilsam und von großer Wichtigkeit, unser Gebet zu beginnen mit der

*Anbetung Gottes.*

Ich meine damit ein bewußtes Treten in die Gegenwart des Herrn, in das Audienzzimmer des Königs. Dies bewahrt vor den flatterhaften Gedanken, die so oft den Beter bestürmen, gerade wenn er sich anschickt zu beten. Wenn wir in der Stille unsere Knie vor Gott beugen, so wollen wir es uns vorher klarmachen, was wir tun und was wir sagen wollen. Welch hehres Bild zeichnet uns der Prophet Jesaja: „Ich sah den Herrn sitzen auf einem hohen und erhabenen Stuhl, und sein Saum füllte den Tempel. Seraphim standen um ihn, und einer rief zum anderen und sprach: Heilig, heilig, heilig ist der Herr Zebaoth! Alle Lande sind seiner Ehre voll!" (Kap. 6, 1—3). Von diesen seligen Geistern können wir lernen, was Anbetung Gottes ist.

Und dieser Gott ist unser *Vater.*

Es gibt ein schönes Bild, von Rudolf Schäfer gezeichnet, das ein ganz kleines Menschenkind darstellt, wie es, von Wolken umgeben, betend kniet vor dem großen Gott. Das Bild illustriert die Worte des Wandsbeker Boten Matthias Claudius: „Sieh, wenn ich beten will, so denk' ich erst an meinen seligen Vater, wie der so gut war und mir so gern geben mochte. Und dann stell' ich mir die ganze Welt vor als meines Vaters Haus, und Gott sitzt im Himmel auf einem goldenen Stuhl und hat seine rechte Hand übers Meer und bis hinaus ans Ende der Welt ausgestreckt und seine Linke voll Heil und Gutes, und die Bergesspitzen umher rauchen, und dann fang' ich an: ‚Vater unser, der du bist in dem Himmel, geheiligt werde dein Name!'" — Ja, das *Vaterherz* suchen und finden, ist eine kostbare Grundlage zum Gebet.

Aber der betende Christ sucht im Kämmerlein auch das Antlitz seines *Heilands* Jesus Christus. — Er vernimmt im Geiste die Worte, die heute, nach bald zweitausend Jahren, noch ebenso einladend sind wie damals, als sie auf den Hügeln Galiläas erstmals erklangen: „Kommet her zu mir, die ihr mühselig und beladen seid, ich will euch erquicken!" oder jenen anderen Ruf, der von des Tempels Stufen zu Jerusalem erschallt: „ Wen da dürstet, der komme zu mir und trinke!" Er denkt daran, wie Jesus sich einst so freundlich zu dem blinden Bettler neigte und sprach: *„Was willst du, daß ich dir tun soll?"* — Und er blickt im Glauben zu seinem erhöhten Herrn, dem alle Gewalt gegeben ist im Himmel und auf Erden, und der noch auf dem Throne der Herrlichkeit die Malzeichen seiner Erlösungstat trägt und genannt ist das Lamm, das erwürgt ist und hat uns Gott erkauft mit seinem Blut. Ja, an das *Heilandsherz* legen wir unser Flehen.

Und in der Stille öffnet der Vater sein Herz dem Wirken und Walten des *Heiligen Geistes.* Das Stillesein vor Gott ist ein wesentlicher Teil des Gebets. Da kann der Herr zu uns reden und unsere Seelen lenken nach seinem Sinn und Wohlgefallen. Nur durch den Heiligen Geist können wir in Wahrheit beten; denn wir wissen nicht, was wir bitten sollen, wie sich's gebührt, sondern der

Geist selbst vertritt uns aufs beste mit unaussprechlichem Seufzen (Röm. 8, 26). So laßt uns denn anbeten und knien und niederfallen vor dem Herrn, unserem dreieinigen Gott!

Ein wichtiges Stück beim Beten ist die

*Danksagung.*

Vergessen wir diesen Teil des Gebets niemals! „Wer Dank opfert, der preiset mich", sagt der Herr selbst, „und *das ist der Weg,* daß ich ihm zeige mein Heil." Dankbaren Leuten gibt man gern immer neue Gaben. Wieviel Murren, Seufzen und Klagen muß der Herr von seinen Menschenkindern hören! O machen wir ihm doch auch die Freude, ihm recht von Herzen zu danken für alle seine Wohltaten!

Wenn ein kleines Kind, das eine Gabe erhalten hat, auf die Mutter zukommt, ihr die Arme um den Hals schlingt und ausruft: „Danke! Danke!", so erfreut das der Mutter Herz und ist auch dem Kinde ein Segen. Machen wir es doch auch so unserem himmlischen Vater gegenüber! Fassen wir mit dem königlichen Sänger den heiligen Entschluß: „Ich *will* den Herrn loben *allezeit;* sein Lob soll immerdar in meinem Munde sein"! Lernen wir ihm danken für alles; denn alle seine Wege sind Güte und Barmherzigkeit.

Eng verbunden mit der Danksagung ist das

*Bekenntnis der Sünde.*

Es ist von der größten Wichtigkeit, daß unser Herz allezeit *ganz richtig stehe* zum Herrn. „Erforsche mich, Gott, und erfahre mein Herz!" fleht David im 139. Psalm. Und ein andermal betet er: „Verzeihe mir auch die verborgenen Fehler!" O, wie gut ist es, daß wir einen Born haben, dahin wir mit allen unseren Sünden und Lasten kommen können! „Wer gebadet ist“, spricht unser Herr Christus, „bedarf nichts, denn die Füße zu waschen“, und lehrt uns damit, daß wir uns nicht nur seines bluterkauften Generalpardons freuen dürfen allezeit, sondern daß wir uns mit ganzem Ernst von allen erneuten Befleckungen reinhalten müssen. Es soll damit nicht gesagt sein, daß immer etwas Besonderes zu bekennen ist. Paulus sagt: „Ich übe mich, zu haben ein gutes Gewissen allenthalben.“ Das soll auch unsere *Übung* sein. Aber dazu gehört lautere Offenheit vor Gott und Menschen. Das schrecklichste Übel ist Selbstbetrug. Der Schmerz aller Schmerzen ist die Sünde.

Ein Gottesmann, der in besonderer Weise Licht und Kraft ausstrahlte, wurde einmal gefragt, was das Geheimnis seines gesegneten Lebens gewesen sei. Fast überrascht antwortete er: „Wenn ich ein Geheimnis habe, so ist es dies, daß ich niemals einen Schutthaufen sich ansammeln lasse zwischen meiner Seele und meinem Gott. Jede Befleckung, deren ich mir bewußt werde, bringe ich sofort vor meinen Herrn, suche Vergebung und Reinigung in seinem Blute und schließe mich um so fester an ihn an.“

Nun kommen wir zu dem, was uns das Gebet so überaus köstlich und unentbehrlich macht, zu der

*Bitte.*

Die Heilige Schrift ist voll Ermunterungen zu gläubigem Bitten und voll Zeugnissen von Erhörungen. Je kindlicher, je gläubiger, je zuversichtlicher wir im Gebet sind, desto sicherer ist die Erfüllung, und desto völliger nimmt Gott die Last von uns. Das Herz ausschütten vor dem Herrn ist eine wunderbare Übung. So tat Hanna, als sie einst in Silo ihr Leid dem Herrn darbrachte. Sie sagte ihm alles, was in ihrem Herzen war. Sie schüttete ihr Herz aus und ließ die ganze Last dort, faßte im Glauben das Wort der Verheißung, ging ihres Weges „und sah nicht mehr traurig“ (1. Sam. 1, 18).

Henriette von Seckendorff in Cannstatt, die so viele und so wunderbare Gebetserhörungen erfahren durfte an sich und an ungezählten Kranken, legte stets großen Nachdruck auf das, was sie *„planmäßiges Beten“* nannte. Damit wollte sie sagen, daß wir genau nach Gottes Wort und Willen, nach seinem Plan beten sollen. „Wenn wir beten“, sagt sie, „so müssen wir zuerst unseren Willen zu den Füßen des Herrn niederlegen, dann aber freudig seine Verheißungen ihm vorhalten und bitten: Herr, tue, wie du verheißen hast!“

„In *allen* Dingen lasset eure Bitten im Gebet und Flehen mit Danksagung vor Gott kundwerden!“ (Phil. 4, 6), mahnt uns Gottes Wort. O daß wir recht fleißig wären, diesem Befehl nachzukommen! Wieviel leichter würde die Last, wenn wir sie mit dem großen Lastenträger teilten! Wie gewinnen viele Dinge ein so ganz anderes Aussehen, wenn wir sie in das Licht Gottes stellen, wo uns das Große groß und das Kleine klein erscheint!

Die Bitte der Bitten, auch für den gläubigen Christen, der des Geistes Erstlinge erhalten hat, geht auf stets neue Zuflüsse des Heiligen Geistes. Wir brauchen ihn *allezeit* und niemals nötiger als heute.

Aber auch die geringsten äußeren Bedürfnisse dürfen wir ihm sagen. Welch geradezu wundervolle Erhörungen darf ein Gotteskind auf diesem Gebiete erfahren! O daß wir nur einfältiger und glaubensvoller wären, wir würden mehr von der Herrlichkeit Gottes schauen!

Was dein Herze auch bewegt,
ob sich Schmerz und Wonne regt,
flieh zu Jesu früh und spät,
mach aus allem ein Gebet!

Ein wesentliches Stück unseres Gebets bildet die

*Fürbitte.*

Ich kann mir kaum ein Gebet denken, das nicht auch das Wohl anderer umfaßt. Die Liebe muß sich immer offenbaren, sie kann gar nicht anders. Und wenn wir für uns selbst um Gnadengaben bitten, so fließt naturgemäß das Verlangen um Heil und Segen für andere mit. Welch ein großes Feld ist uns da eröffnet: unsere Angehörigen, unsere Nachbarn und Freunde, unser Volk und Land, unsere Obrigkeit! Und dann die ganze Gemeinde Jesu auf Erden und insonderheit die Gemeinde oder Gemeinschaft, der wir angehören, die Mission und einzelne Missionare, die Leidenden und Betrübten und so vieles, vieles, das uns die Liebe aufs Herz legt — das dürfen und sollen wir zusammenfassen im Gebet und es dem großen Hohenpriester ans Herz legen. Es liegt unermeßlicher Segen darin. Die Ewigkeit wird es offenbaren, was durch die verborgenen Fäden der Fürbitte gewirkt worden ist.

Aber freilich, auf keinem Gebiet des Gebetslebens ist auch die Ermahnung zum *Aushalten* so notwendig wie hier. Im Kampf um eine Seele sind zwei Gewalten auf dem Plan. Da ist Gott, dessen Wille es ist, daß allen Menschen geholfen werde und sie zur Erkenntnis der Wahrheit kommen. Und im Bunde mit ihm beten seine Erlösten und flehen um die Rettung derer, die ihnen lieber sind als das Leben. Aber auf der anderen Seite ist Satan, der Fürst dieser Welt, und im Bunde mit ihm leider der arme, von Ketten der Sünde und des Unglaubens gebundene Mensch selbst, dem Gott als seinem edelsten Geschöpf die Freiheit des Willens gelassen hat, so daß er sich persönlich entscheiden kann für oder gegen den Herrn, für oder gegen sein eignes Heil. Gott *zwingt* niemand, obwohl er kein Mittel unversucht läßt, das steinerne Herz zu brechen und durch seine Liebe zu gewinnen. Dies Zeugnis wird jedes ernstlich fürbittende Herz seinem treuen Gott geben. Oft geschieht die Erhörung nach der Weise, die der Dichter so ergreifend schildert:

„Aus den Bitten machet er
Donner, Blitz und Stimmen,
die ergehn und geschehn,
daß die Feinde beben
und Gott Ehre geben."

Und nun kommt gleichsam das Amen auf unser Gebet. Ich möchte es bezeichnen mit dem Worte

*Vertrauen.*

Vertrauen gehört unbedingt zu einem gesegneten und erhörlichen Gebet. Die meisten Psalmen, auch die aus der Tiefe emporgesandten Bitten, schließen ab mit dem Ton des Vertrauens: „Ja, ja, es soll geschehen!" Es ist, als ob wir alles, was wir dem Herrn dargelegt haben, noch einmal zusammenfassen in ein inniges, herzliches Vertrauensvotum: Dies alles habe ich dir nun gesagt, o Herr! Die mancherlei Bedürfnisse, Wünsche und Bitten für mich und andere, ich lasse sie nun vertrauensvoll in deiner Hand. Du wirst deine Verheißung erfüllen. Habe ich um etwas Verkehrtes gebetet, so wollest du es korrigieren und mir das geben, was mein innerstes Verlangen stillt. Amen! Ich vertraue dir! Amen!

# Segen der Fürbitte

*Oft kommt zu mir aus Himmelshöhn*
*ein Gruß wie sanftes Lobgetön,*
*ein Wort der Hoffnung und der Kraft,*
*ein Strahl, der neuen Mut mir schafft,*
*ein Hauch, der meinen Geist umweht.*
*Ich glaub', ein Herz hat mir's erfleht,*
*und Gott erhörte das Gebet.*

Dora Rappard

# EINE ERNSTE FRAGE

Ach, Herr, warum bist du mir stumm?
Warum erhörst du nicht mein banges Flehn?
O gib mir Licht, damit ich nicht
in Nacht und Dunkel müsse untergehn!

Dein Wort ist klar, du sprichst ja wahr;
was du verheißest, mußt du tun an mir.
Hier harre ich. O Meister, sprich!
Ja, sprich: Dein Glaube hat geholfen dir!

Angesichts der großen Verheißungen, die im Worte Gottes dem Gebet gegeben sind, erhebt sich die ernste Frage:

*Warum werden so viele Gebete nicht erhört?*

Daß dies der Fall ist, oder doch, daß die Gebete oft auf ganz andere Weise erhört werden, als der Beter erwartete, muß einfach zugestanden werden. Woher kommt das?

Wir reden jetzt nicht von jenen ganz oberflächlichen Gebeten, die eigentlich gar keine Gebete, sondern nur Lippenwerk sind, und worauf eine direkte Antwort kaum erwartet wird. Wir fassen die Frage tiefer auf, nämlich an dem Punkt, wo sie dem aufrichtigen Beter Not und Anfechtung schafft.

Daß dies bei uns alternden Leuten in besonderer Weise geschehen kann, wenn jahrelanges Beten ohne Erhörung bleibt, drängt mich dazu, hier eingehend davon zu sprechen.

Das Wort Gottes gibt uns klare Antwort auf unsere Frage. Wir fangen auf der untersten Stufe an.

*Sünde, die in Herz und Leben geduldet wird, hindert das Gebet.* — „Wo ich Unrechtes vorhätte in meinem

Herzen, so würde der Herr mich nicht hören", sagt der Psalmist (Ps. 66, 18). Und durch Jesaja läßt der Herr seinem Volke sagen: „Wenn ihr schon eure Hände ausbreitet, verberge ich doch meine Augen vor euch, und wenn ihr schon betet, höre ich euch doch nicht" (Kap. 1, 15). Warum das? Weil diese ausgebreiteten Hände befleckt, weil diese betenden Lippen unrein sind. Derselbe Prophet sagt an einer anderen Stelle: „Des Herrn Hand ist nicht zu kurz, daß er nicht helfen könnte; seine Ohren sind nicht hart geworden, daß er nicht hören könnte." Auf Gottes Seite ist Bereitwilligkeit, Liebe und Macht. Auf eurer Seite fehlt es. *„Eure* Untugenden, . . . *eure* Sünden, *eure* blutbefleckten Hände, *eure* Finger, *eure* Lippen, *eure* Zungen", die sind es, die euch scheiden von Gott und sein gnädiges Helfen verhindern (Kap. 59, 1—3).

Es sind nicht immer große und auffällige Dinge, die das Hindernis bilden. Ein Stäubchen kann das Auge verletzen. Ein kleiner Riß in der Laute macht sie stumm und unbrauchbar.

Wenn der Telephondraht zerschnitten oder verwickelt ist, nützt kein Drücken und keine Anstrengung etwas, du erhältst keine Antwort von der anderen Seite. Der Schaden scheint oft ganz gering, aber er stört die Verbindung. Wenn du klagen mußt über Nichterhörung deiner Gebete, so schaue vor allem nach, ob etwas die Verbindung mit der Kraftquelle stört oder unterbricht!

*Selbstsüchtiges Bitten erlangt keine Erhörung.* — Jakobus sagt es uns deutlich: „Ihr bittet und krieget nicht, darum daß ihr übel bittet, nämlich dahin, daß ihr es mit euren Wollüsten verzehret" (Kap. 4, 3). O wie tief greift dieses Wort! Wie oft mischt sich in ein Gebet, das scheinbar ganz auf das Gute gerichtet ist, doch ein geheimer Wunsch nach eigner Ehre! Wie oft ist Selbstsucht die treibende Kraft! Ein eifriges Missionsehepaar betete einst dringend um eine Erweckung auf der Station, auf der es mit Ernst das Evangelium auszubreiten bemüht war. Es schien lange vergeblich. Da ereignete es sich, daß auf einer Nachbarstation der Geist des Herrn mächtig zu wirken begann und Seelen erweckt wurden. Unsere Freunde freuten sich wohl mit, merkten aber an einer eigentümlichen Beklemmung des Herzens, daß ihr Gebet nicht frei gewesen war von dem Wunsch, selbst in solcher Weise bevorzugt zu werden. Die aufrichtige Erkenntnis und Reue brachten ihnen Segen.

So sind auch manche Fürbitten ganz unbewußt untermengt mit selbstsüchtigen Motiven. Kein Wunder, daß sie gereinigt und die Beter durch die Schule des Harrens geübt werden müssen. — Auch geistliche Gaben werden oft eifrig erbeten, um in geheimer Weise dem eignen Wesen dienstbar gemacht zu werden. Da zieht sich der Heilige Geist zurück.

*Ein unversöhnliches Gemüt ist ein besonderes Hindernis.* — Das hebt unser göttlicher Meister zu verschiedenen Malen klar hervor. Es gehört mit zu den sündlichen Dingen, von denen wir schon gesprochen haben, die die Verbindung mit dem Herrn lösen und daher den Zufluß seiner Gnadenkräfte unmöglich machen. *Gott ist die Liebe*, und alles, was gegen die Liebe ist, ist gegen Gott und hindert sein Wirken.

*

Neben dem Hinweis auf diese positiven Hindernisse gibt uns die Heilige Schrift noch etliche Winke, die unsere ernste Frage beleuchten. Zunächst drei Beispiele aus dem Leben heiliger Männer.

*Mose.* — Eine der ergreifendsten Szenen im Alten Testament ist jene, die uns Mose selbst schildert in den Worten: „Zu derselben Zeit bat ich den Herrn und sprach: Herr, Herr, du hast angehoben, zu erzeigen deinem Knecht deine Herrlichkeit! Laß mich hinübergehen und sehen das gute Land jenseits des Jordans, dies gute Gebirge und den Libanon! Aber *der Herr erhörte mich nicht,* sondern sprach zu mir: Laß genug sein! Sage mir davon nicht mehr!“ (5. Mose 3, 23—26).

Wunderbare Fürsprache hatte Mose einst getan für das in Götzendienst geratene Volk und war herrlich erhört worden (2. Mose 32, 9—14). Aber hier trifft ihn auf seine sehnsuchtsvolle Bitte ein entschiedenes *Nein.* Warum? Weil Mose in jener ernsten Stunde am Haderwasser den Herrn nicht durch gläubigen Gehorsam geehrt, sondern mit Zorn, vielleicht mit Zweifel im Herzen gehandelt hatte. Das ist sehr ernst (4. Mose 20, 7—13). Je mehr göttliche Gnade ein Mensch empfangen hat, desto mehr ist er dieser Gnade verpflichtet. Je mehr ihm anvertraut worden ist, desto mehr darf von ihm erwartet werden.

Die unverbrüchliche Heiligkeit Gottes und die Notwendigkeit pünktlichen Gehorsams von seiten seines Knechtes mußten gewahrt werden zum Vorbild für das ganze Volk und für alle Zeiten. Diese Handlung war zugleich auch ein Hinweis auf die Unzulänglichkeit des Gesetzes, dessen Vermittler Mose war. Einem Josua als Vorbild auf Jesum war es vorbehalten, das Volk in das Land der Verheißung einzuführen.

Die Nichterhörung der Bitte Moses war übrigens nur

eine zeitliche Züchtigung, die er in Demut annahm. Bald darauf hatte er das hohe Vorrecht, „am Munde Jehovas zu sterben“, und fünfzehn Jahrhunderte später durfte er auf dem heiligen Berge zur Seite seines verklärten Herrn im verheißenen Lande stehen.

*Daniel.* — Ein eigenartiges Licht wirft auf unsere Frage eine Erfahrung des Propheten Daniel. Er war ein Beter und Fürbitter, wie es wenige gegeben hat. Die Not und Unterdrückung seines Volkes trieb ihn auf die Knie in Demut und Buße. Einst fastete und betete er in besonderer Weise und verharrte im Gebet, bis drei Wochen um waren. Da kam das Wort des Herrn zu ihm durch einen himmlischen Boten: „Fürchte dich nicht, Daniel, du vielgeliebter Mann, fürchte dich nicht! Denn *von dem ersten Tage an,* da du von Herzen begehrtest zu verstehen und dich kasteitest vor deinem Gott, *sind deine Worte erhört,* und ich bin gekommen um deinetwillen.“ Und dann spricht er zu ihm von feindlichen Mächten, die ihm widerstanden und die Erhörung so lange aufgehalten hätten (Dan. 10, 11—14). Es ist hier nicht der Ort, auf die Einzelheiten der nun folgenden Offenbarungen einzugehen. Es sei nur darauf hingewiesen, daß es hindernde Einflüsse gibt von seiten der Fürsten und Gewaltigen, die in der Finsternis dieser Welt herrschen (Eph. 6, 12), die dem Beter arg zusetzen können, die aber durch den Herrn überwunden werden. Denn die Rechte des Herrn behält den Sieg.

*Paulus.* — Die dritte Gestalt, auf die ich aufmerksam mache, ist uns allen wohlbekannt. Der große Apostel Paulus, der bis in den dritten Himmel erhoben worden war und dort unaussprechliche Dinge gesehen und gehört hatte, ward hernach durch tiefe Demutswege geführt zu seinem Heil. Welcherart der „Pfahl im Fleisch" gewesen sein mag, von dem der Apostel so gern befreit sein wollte, wissen wir nicht. Es war jedenfalls etwas Furchtbares, dem er die Bezeichnung gibt: „ein Engel Satans, der mich mit Fäusten schlug". Da versteht man es wohl, daß der Apostel zu wiederholten Malen ernstlich um Befreiung bat. Aber die Erhörung war anders, als er es sich gedacht hatte. Der Pfahl im Fleisch blieb, der quälende Dorn wurde nicht hinweggenommen; aber die Gnade hob ihn darüber hinweg. Paulus bat um Hilfe, aber er erlangte Herrlichkeit. Was für den Augenblick ein Verlust schien, wurde für ihn selbst und für die ganze Gemeinde des Herrn durch die Jahrhunderte hindurch ein köstlicher Gewinn, nämlich die göttliche Zusicherung: *„Meine Gnade genügt dir"*, und die Antwort des Glaubens: „Ich will mich meiner Schwachheit rühmen; denn wenn ich schwach bin, so bin ich stark."

Und nun wollen wir etliche, das Gewissen prüfende, aber den Glauben nachhaltig stärkende Worte aus Jesu Munde betrachten und sie uns tief einprägen als Beantwortung unserer Frage.

*„So ihr in mir bleibet und meine Worte in euch bleiben, werdet ihr bitten, was ihr wollt, und es wird euch widerfahren"* (Joh. 15, 7). — Der Zusammenhang von Bedingung und Verheißung ist hier sehr bemerkenswert. Wer in Jesu ist und bleibt, bekommt Jesu Sinn und bittet nach Jesu Sinn. Sein innerstes Verlangen wird dadurch beeinflußt. Wer Jesu Worte im Herzen bewegt, wird dem Worte gemäß beten. Das Wort korrigiert falsche Vorstellungen und irdische Triebe, so daß der Beter *nichts haben möchte*, was nicht mit dem Wort und

Willen Gottes übereinstimmt. Hierher gehört das schöne Wort des Apostels Johannes: „Das ist die Freudigkeit, die wir haben zu ihm, daß, so wir etwas bitten *nach seinem Willen,* so hört er uns. Und so wir wissen, daß er uns hört, was wir bitten, so wissen wir, daß wir die Bitten haben, die wir von ihm gebeten haben." (1. Joh. 5, 14. 15).

*„Was ihr bitten werdet in meinem Namen, das will ich tun"* (Joh. 14, 13). — O daß wir den ganzen Reichtum und die Tiefe dieses Wortes verstünden: *in Jesu Namen beten!* Im bürgerlichen Leben wissen wir wohl. was es heißt, im Namen eines anderen zu handeln, im Namen eines anderen zu bitten. Die eigne Persönlichkeit verschwindet hinter der Person *jenes anderen,* in dessen Namen wir auftreten. Das Geheimnis des erhörlichen Betens ist ein Verzichten auf alle eigne Kraft und Würdigkeit und ein völliges Vertrauen auf Jesum allein.

*„Alles, was ihr bittet in eurem Gebet, glaubet nur, daß ihr es empfanget, so wird es euch werden"* (Mark. 11, 24). — Zum erhörlichen Beten gehört kindlicher Glaube. Man erzählt von einem Knaben, der gebetet hatte, Gott möchte doch in der Nacht einen Laib Brot in den Schrank legen, und als am Morgen keiner da war, ausrief: „Hab' mir's doch gedacht, es werde nichts da sein!" Machen wir großen Kinder es nicht gar oft auch so? — Aber Glaube ist nicht Vermessenheit. Glauben heißt nicht, Gottes Unwilligkeit überwinden, sondern *seine Willigkeit ergreifen.* Wahrer Glaube entsteht nur in einem durch die Gnade gebrochenen Herzen.

*„Jesus sagte ein Gleichnis davon, daß man allezeit beten und nicht laß werden solle"* (Luk. 18, 1). Und

dann führte er das Beispiel an von der Witwe, die sogar einen ungerechten Richter durch ihr unaufhörliches Bitten dazu bringt, ihr zu helfen. Auch da hören wir von einem Widersacher wie in der obenerwähnten Danielstelle. Das Wort, das hier besonders zu unterstreichen ist, ist das: *„nicht laß werden*“. O Freunde, das gilt uns! Im Alter wird man leicht müde und laß. Der Herr, unser Meister, will uns aufmuntern, wecken, stärken. „Sollte Gott nicht retten seine Auserwählten, die zu ihm rufen Tag und Nacht?“ sagt er.

Ein Unternehmer in Nordamerika hatte ein Stück Land gekauft in der Erwartung, dort ein Petroleumlager zu finden. — Er grub und grub — immer vergeblich. Da wurde er der Sache überdrüssig und verkaufte sein Land zu einem billigen Preise. Der neue Eigentümer nahm die Grabarbeiten mit frischem Eifer auf. Schon nach wenigen Tagen zeigten sich die ersten Spuren des erwünschten Erdöls, und bald enthüllte sich eine ausgiebige Quelle. Hätte der erste Besitzer nur noch wenige Tage *ausgehalten,* so wäre alle seine Mühe belohnt worden.

Ein letztes Heilandswort, das größte, herrlichste Gebet von allen, muß hier noch eine Stätte finden. Es ist das Gebet von Gethsemane: „Abba, mein Vater, dir ist alles möglich. Überhebe mich dieses Kelches! Doch *nicht, was ich will, sondern was du willst.*“ (Mark. 14, 36). Das ist das Gebet der vollkommensten Hingabe, das im Erliegen den Sieg und im Tode das Leben erlangt.

*

Mit einem schlichten Bild aus dem Missionsfeld wollen wir schließen.

Der greise Knecht des Herrn Dr. Adoniram Judson

(† 1850), der mit apostolischer Kraft in Indien gearbeitet und auch um Jesu willen eine lange Gefangenschaft erduldet hatte, lag auf dem Sterbebett. Seine Frau pflegte ihn aufs treuste, las ihm auch ab und zu aus Missionsblättern etwas vor. Da stieß sie auf einmal auf einen Bericht aus der Judenmission und las zu ihrer freudigen Überraschung die Bekehrungsgeschichte eines jüdischen Jünglings, der durch das Lesen einer Schrift von Dr. Judson zur Erkenntnis Jesu und zu einem neuen Leben gekommen war. Als sie im Lesen innehielt und auf eine Äußerung von seiten ihres Mannes wartete, bemerkte sie, daß er ganz ergriffen war und Tränen seine Wangen benetzten. Nach einer Weile sagte er: „Ich bin tief bewegt durch die Treue Gottes. Siehe, ich hatte ihn oft herzlich gebeten, er möge mir die Freude schenken, wenigstens *ein* verirrtes Schäflein vom Hause Israel ihm zuzuführen. Das war die einzige meiner Bitten, die er mir bisher versagt hatte. Und nun ist auch diese erfüllt."

So ging es diesem Knecht des Herrn wie einst dem greisen Josua: Es fehlte nichts an allem Guten, das der Herr ihm verheißen hatte. *Es kam alles!*

# „ALS WIR NUN ZEIT HABEN“

Rascher und rascher stets flieht unser Leben hin;
erst war es Frühling noch, Herbst ist es nun.
Mächtig ergreift es mich, rufend durch Herz und Sinn:
Als wir nun Zeit haben, lasset uns Gutes tun!

Hier eine Liebestat, dort noch ein Liebeswort;
werde nicht müde, Herz, bald kommt das Ruhn!
Was du hier säen kannst, das wirst du ernten dort.
Als wir nun Zeit haben, lasset uns Gutes tun!

Mit Macht ist dies Wort aus Gal. 6, 10 mir ins Herz gedrungen. Es ist ja an alle Glieder der Gemeinde Jesu gerichtet, an Junge und Alte; aber für die letzteren hat es einen ganz besonderen Klang. Es bestätigt einesteils die deutlich empfundene Wahrheit: *Deine Zeit ist bemessen.* Im hohen Alter eilen die Jahre schnell und immer schneller dahin. Die Körnlein an der Sanduhr rieseln unaufhaltsam hinunter und mahnen leise: Was du tun willst, das tue bald! — Anderenteils ruft unser Wort uns zu: *Du hast noch etwas zu tun!* Solange du noch Odem und Kraft hast, solange du auf Erden lebst, hast du eine Aufgabe, hast *deine* Aufgabe. Du kannst noch in stiller, verborgener Weise dienen, du kannst für deinen Gott und deine Mitmenschen leben, du kannst suchen, Freude zu spenden, du kannst lieben, du kannst den teuren Jesusnamen ehren.

Es zogen unlängst an meinem Geistesauge die Lebensläufe etlicher hochbetagter Knechte und Mägde des Herrn vorüber. Was haben sie in ihrem Leben für reiche Saat ausgestreut! Und welch reiche Ernte ist ihnen schon hienieden geworden! Ich nenne nur den unvergeßlichen Pfarrer Ecklin von Basel, der bis ins vierundachtzigste

Jahr noch mit jugendlichem Feuer das Evangelium verkündigte. Ich denke an den teuren Vater von Bodelschwingh, den edlen Greis mit dem Kindesherzen; an die nahezu hundertjährige Elise Averdieck, deren Leben eine Kette von Liebessaaten war. Es ist erfrischend, solche Gestalten zu treffen, die die Psalmworte illustrieren: „Der Gerechte wird grünen wie ein Palmbaum; er wird wachsen wie eine Zeder auf dem Libanon; er ist wie ein grüner Ölbaum im Hause Gottes" (Ps. 92, 13; 52, 10). Die Palmbäume, die Zedern, die Ölbäume stehen niemals kahl und entblättert da; die abfallenden Blätter oder Nadeln werden zuvor durch neue ersetzt, so daß die schönen Bäume immerfort grünen. — Wohl denen, die schon früh angefangen haben, ihr Leben nach ewigen Zielen zu richten, die Liebe säten und dann auch Liebe ernten!

Aber unser Buch hat es ja mit dem Alter zu tun. Und da gehört es wohl mit zu den Demütigungen, von denen wir schon in einem früheren Abschnitt gesprochen haben, daß man es beim Älterwerden innewird, wieviel man gerade auf dem Gebiet des Wohltuns versäumt hat. Manche von uns waren wohl in der Jugend voll Eifer und Tatkraft. Sie denken vielleicht mit einer gewissen Wehmut zurück an Liebesdienste, die sie einst mit Begeisterung verrichteten. Aber des Lebens Mittag nahm mit seiner vielen Arbeit und Mühe das Herz immer mehr in Beschlag und füllte die Zeit so aus, daß nach und nach das Liebesbächlein fast nur noch im engen Bett der nächstliegenden Pflichten und Interessen floß. Und nun macht sich ein gewisses Gefühl der Verarmung geltend, und beim Herannahen der *Ewigkeit* fühlt man den ganzen Wert der *Zeit.*

Und da ist es denn köstlich zu wissen, daß jede solche innere Erkenntnis uns zu unserem Nutzen gegeben ist. Sie enthält für uns die Aufforderung:

„Auf, denn die Nacht wird kommen;
auf, wenn die Sonne weicht!
Auf, wenn der Abend mahnet,
wenn der Tag entfleucht!
Auf bis zum letzten Zuge,
wendet nur Fleiß daran!
Auf, denn die Nacht wird kommen,
da man nicht mehr kann!"

Wenn das apostolische Wort, das wir heute vor uns haben, im Herzen einen Widerhall findet, so ist es, damit wir es eilends befolgen und unsere kurz bemessenen Stunden noch recht auskaufen zu Gottes Ehre und der Menschen Wohl.

Das Gleichnis von den Arbeitern im Weinberge, deren etliche erst um die elfte Stunde (abends 5 Uhr) geworben und doch noch gebraucht und gesegnet wurden, ist eine gnädige Aufforderung für uns alle und birgt eine herrliche Verheißung.

Lasset uns Gutes tun! Das ist ein großes Gebiet. Ich kannte eine liebe alte Dame, die, solange sie irgendwie sehen konnte, allerlei Kleidungsstücke strickte, vorzugsweise für kinderreiche Familien. Eine andere, die seelsorgerlich begabt und im Alter durch Kränklichkeit ans Haus gebunden war, suchte durch Briefe ihren lieben Pflegebefohlenen wohlzutun und zu dienen. Dabei war es ihr stets ein inniges Gebetsanliegen, an die richtigen Menschen gemahnt zu werden und ihnen die richtigen Botschaften zu bringen. Hunderte von Briefen durften ihren Dienst vermitteln.

Ein alter Mann, der sich von einem jüngeren auf mancherlei Weise helfen ließ, wurde diesem zum geistlichen Vater und Seelsorger. — Das sind alles sehr einfache und alltägliche Dinge; aber wenn sie unter dem Gesichtspunkt getan werden: „Als wir nun Zeit haben, lasset uns Gutes tun!“, so erhalten sie einen überirdischen Glanz. Der Nachsatz will noch besonders beachtet werden: „allermeist an des Glaubens Genossen“. Einem Jünger Jesu wohltun, eben *weil* er ein Jünger ist, ein Glied am Leibe erquicken um des hochgelobten Hauptes willen, ist ein unaussprechlicher Segen.

Um in wahrer Weise wohlzutun, ist Liebe nötig. Die Liebe macht erfinderisch. Sie findet Mittel und Wege, auch mit Geld und allerlei Gaben zu dienen. Die Liebe bewahrt *vor geistlicher Arterienverkalkung*. Wenn sie frei und warm durch alle Adern und Zellengewebe pulsieren kann, so bleibt der Organismus frisch.

Aber freilich, die Liebe muß ständig durch die göttliche Liebesquelle erneuert werden. Ohne dauernde Zuflüsse von oben würde die Liebe versiegen; denn wahre Liebe ist eine Frucht des Geistes (Gal. 5, 22), und nur wenn die Ranken verbunden sind mit dem himmlischen Weinstock, bringen sie die süßen Früchte hervor.

*

Nachfolgende Erzählung habe ich mit etlichen Kürzungen aus den Erinnerungen des englischen Geistlichen W. Haslam übersetzt. Er erzählt:

Eines Tages wurde ich eiligst zu einem älteren Herrn gerufen, den man für sterbend hielt. Früher hatte ich ihn etliche Male in der Kirche gesehen, in letzter Zeit aber aus dem Gesichtskreis verloren.

Als ich in sein Zimmer trat, erkannte ich ihn sogleich,

und es tat mir leid, ihn so übel aussehend anzutreffen. Ich merkte bald, daß der Zustand seiner Seele ihn mehr beschäftigte als die Krankheit des Leibes. Er hatte wenig Hoffnung auf Genesung, doch sprach er nicht darüber; seine große Sorge war die um sein geistliches Wohlergehen. Ich fragte ihn, ob er ein begnadigter Sünder sei.

„Ich glaubte es zu sein“, sagte er; „aber dennoch bin ich unglücklich.“

„Sprechen Sie sich offen aus“, bat ich; „vielleicht kann ich Ihnen helfen.“

„Nun“, sagte er, „vor vielen Jahren schon wurde ich erweckt und bekehrt. Aber hier, auf meinem Sterbebett, merke ich, daß mein Leben dennoch ein *verlorenes* zu nennen ist. Ich habe es zu meinem eignen Vergnügen verwendet, und nun ist es vorüber. Ich habe alle diese Jahre verloren. Ich fürchte mich nicht gerade vor dem Tode, denn ich vertraue dem Heiland; aber *ich schäme mich, zu sterben.*“

Was konnte ich zu all diesem sagen? Wie viele gibt es, die in solcher feinen Selbstsucht leben! Das durch Jesum erworbene Heil nehmen sie dankbar an und freuen sich dessen; aber sie denken gar nicht daran, dem Herrn, der sie erkauft hat, *ihr Leben* zu weihen und ihm zu dienen.

„Es ist besser spät als gar nicht“, sagte ich. „Ich freue mich, daß Gott es Ihnen geoffenbart hat, wo Sie es haben fehlen lassen. Er ist für alle gestorben, auf daß die, die da leben, hinfort nicht sich selbst leben, sondern dem, der für sie gestorben und auferstanden ist.“

„Ja, ja, gerade das ist es, was ich versäumt habe, und es macht mich unglücklich, daß ich nichts mehr nachholen kann.“

„Wenn Ihnen Gott diese Sünde aufgedeckt hat, so ist es nicht, damit Sie nun verzagen, sondern damit er Ihnen *vergebe.*“

„Danke für dieses Wort der Ermutigung“, sagte der Kranke. „Kann er, wird er mir diese jahrelange Versäumnis vergeben?“

„Ja“, erwiderte ich, „er kann und will es tun. Er verwundet, um zu heilen. Er tötet, um lebendig zu machen. Und er kann noch mehr denn dieses tun. Er kann Sie noch gebrauchen als einen Zeugen seiner Gnade.“

„Ach, ich bin ganz überwältigt von all diesem!“ sagte mein kranker Freund. „Was kann ich sagen oder tun?“

„Tun?“ wiederholte ich. „Vor allen Dingen bekennen Sie Ihre Sünde vor Gott und bitten Sie ihn um Vergebung! Bitten Sie ihn, auch wenn er Sie abrufen will, Ihr letztes Zeugnis zu segnen für andere!“

„Das will ich tun“, sagte er. Und sofort fing er an, seine Doppelbitte vor dem Herrn kundzutun.

„Amen“, sprach ich aus tiefstem Herzen. Und dann wurde es mir, als dürfte ich recht ernstlich bitten, der Herr wolle diesen seinen Jünger wiederaufrichten, daß er ein Zeuge werde nicht nur des Heils, sondern auch der Kraft und Wirklichkeit eines neuen Lebens.

Der liebe Kranke weinte viel. Dann sagte er ernst und feierlich: „Ich glaube, daß Gott mir vergeben hat, und ich glaube auch, daß er mir noch einmal Leben und Gesundheit schenken wird.“

„Dann wollen wir auch danken“, schloß ich. „Ihm ist kein Ding unmöglich.“

Es war eine Freude, wahrzunehmen, wie jener liebe Mann von da an zu genesen anfing. Täglich gewann er neue Kraft an Leib und Seele.

„Ich möchte mich dem Herrn dargeben als ein vollkommenes Dankopfer“, sagte er einmal. „Geist, Seele und Leib sollen hinfort ganz ihm gehören.“

„O wieviel habe ich noch zu lernen!“ hieß es ein anderes Mal. „Ich glaube, ich verstehe noch lange nicht, was alles im Glauben eingeschlossen ist.“

Dieser teure Mann war lenksam und lernbegierig wie ein Kind. Er verließ sein Krankenzimmer als ein neuer Mensch. Er war voll Eifer für die Sache des Herrn, voll Liebe zu den Seelen der Menschen. Besonders trieb es ihn zu solchen, die sich zu Christo bekannten, aber es noch nicht verstanden, dem Herrn und seinem Dienst zu leben. Ihn verlangte danach, daß sie sich ihrer Stellung bewußt würden und ihre kostbare Zeit ausnützten zu Gottes Ehre.

Er lebte noch etliche Jahre als ein gesegneter und eifriger Nachfolger Jesu Christi und war in seinem *Dienste frei und froh.*

# ICH BIN ES!

Wenn dir in Sturm und Wetter
Schrecken das Herz erfüllt,
wenn dir dein Herr und Retter
ist durch die Nacht verhüllt,
siehe, da naht er dir liebreich und spricht:
Ich bin es, ich bin es, fürchte dich nicht!

Über die Wogen schreitend,
königlich kommt er her,
hilfreich die Hand ausbreitend,
stillt er das wilde Meer.
Sturmwind muß schweigen, wenn leise er spricht:
Ich bin es, ich bin es, fürchte dich nicht!

Immerdar klinge helle
in dir dies Heilandswort,
bis dich die letzte Welle
einst trägt zum sichern Port!
Da steht dein Heiland am Ufer und spricht:
Ich bin es, ich bin es, fürchte dich nicht!

Dora Rappard

## AUS DER TIEFE

Aus der Tiefe rufe ich, Herr, zu dir!
Psalm 130, 1

Ist wohl eins unter uns alt geworden, ohne einmal in eine jener Tiefen gekommen zu sein, von denen David in so ergreifenden Worten singt? Ich denke nicht. Aber es kann geschehen, daß der Pfad des Christen ihn im hohen Alter in noch tiefere Tiefen führt als je zuvor, Tiefen, vor denen seine Seele schaudernd zurückbebt, und die ihn in die schwärzeste Nacht zu stürzen drohen. Das hatte er nicht erwartet. Das könnte ihn fast irremachen an seinem Glauben. Das trübt seine Freude, und das Wort vom „frohen Alter" mag ihm klingen wie ein Hohn. Aber es ist kein Hohn und kein Wahn. Wer einen lebendigen Heiland hat, ist auch in der Tiefe nie allein. Das Rettungsboot, dem er seine Seele anvertraut hat, versinkt nicht in der Tiefe, sondern wird von den zornigen Wellen nur um so schneller zum festen Ufer getragen.

Aus solch einer Erfahrung heraus stammen nachstehende Zeilen:

Manch langes Jahr im Todesschattentale
hab' ich verbracht;
doch, Gott sei Dank viel tausend, tausend Male,
es war nicht Nacht,

nicht volle Nacht. In tiefsten Finsternissen
hat stets ein Stern
die schwarzen Wolkenmassen sanft zerrissen
mit Licht vom Herrn.

Ich seh' es heut', es hat mich doch gehalten
des Vaters Hand;

der Fels, daran die Wogen zischend prallten,
bot Widerstand.

Der Glaube wankte, Liebe schien geschwunden;
doch Hoffnung warf
den Anker zitternd in des Mittlers Wunden,
und ruhen darf,

ja, ruhen darf ich in des Vaters Armen,
ob Sturm auch droht;
denn tiefer, tiefer noch ist sein Erbarmen
als meine Not.

*

Es gibt verschiedene Tiefen, wie denn unser Psalmwort genau lautet: „*Aus den Tiefen* rufe ich, Herr, zu dir!“ Alle Erlösten des Herrn haben damit angefangen, daß sie aus dem Schlamm und der grausamen Grube ihres Sündenelends gerufen haben zu dem mächtigen Erretter (Ps. 40, 2—4). *Das neue Lied fängt an mit einem Schrei aus der Tiefe.* Und jener heilige Sänger, der uns das wunderschöne Lied vorgebetet hat: „Wie der Hirsch schreit nach frischen Wasserbächen, so schreit meine Seele, Gott, zu dir!“, wußte auch von solchen schweren Führungen zu sprechen, wenn er sagt: „Gott, deine Fluten rauschen daher, daß hier eine *Tiefe* und da eine *Tiefe* brausen; alle deine Wasserwellen und Wogen gehen über mich“ (Ps. 42, 2. 8).

Es gibt Tiefen der leiblichen Qual, die niemand ermessen kann, als wer sie selbst durchgemacht hat. Es gibt Tiefen des seelischen Leidens, die wie dunkle Nacht das Gemüt umhüllen und dem geängsteten Herzen die bange Frage entreißen: „Mein Gott, mein Gott, warum hast du mich verlassen?“

Diese Tiefen mögen auf verschiedene Weise zu erklären sein. Oft hängen sie unmittelbar zusammen mit äußeren Schicksalsschlägen, deren Wucht uns niederzuschmettern droht. Oft rühren sie von leiblicher Schwachheit her. Manchmal sind sie eine Züchtigung für Sünde und Untreue, und die erschreckte Seele vernimmt die Stimme des inneren Gerichts. Andere Male sollen diese trüben Stunden nur unseren Glauben prüfen und uns zu festerem Glauben helfen. Eins ist für alle Fälle sicher: diese inneren Nöte sollen uns nicht verderben, sondern zur Rettung dienen.

O zagende Seele, er, der am Kreuz die Strafe trug, die wir verdient hätten, er hat sie damit auf ewig von dir abgewandt. Er wurde für kurze Zeit von Gott verlassen, damit du in Ewigkeit nicht von ihm verlassen sein müssest. Halte dich fest an ihn und an sein Wort! Du klagst, er habe dich *verlassen,* aber siehe da, er hat sich dir *genaht,* auf daß du ewig seist von ihm ungeschieden.

„Tiefe ruft der Tiefe“, heißt es wörtlich in der angeführten Stelle. Ich will das Wort in kindlicher Einfalt erfassen. Die Tiefe meiner Armut ruft der Tiefe seines göttlichen Reichtums. Die Tiefe meiner Sünde schreit nach der Tiefe seines Erbarmens. Die Tiefe meiner Selbsterkenntnis führt mich zur Tiefe der Heilandserkenntnis. O nur nicht in der Tiefe verzagen! Nur nicht mutlos darin liegenbleiben und immer tiefer versinken in dem Schlamm der Gottferne! Aus der Tiefe gibt es einen Weg zur Erhöhung. Dieser Weg geht über Golgatha. Das Kreuz Jesu Christi reicht hinab in die tiefste Tiefe und führt hinauf zur seligen Höhe, zum Herzen Gottes.

*

Der 130. Psalm, dessen erste Worte diesem Abschnitt voranstehen, zeigt uns klar und deutlich die verschiedenen Stufen dieses heiligen Weges:

*Rufen*

*„Aus der Tiefe rufe ich, Herr, zu dir“ (V. 1).*

In einem Alpendorf wurde einst ein Knäblein vermißt. Angsterfüllt machten sich die Eltern auf die Suche, und gute Nachbarn schlossen sich ihnen an. Lange schien alle Mühe vergebens. Höher und immer höher stieg die Angst der Eltern. Da — war das nicht ein Klageton? Man horchte und vernahm ganz deutlich den Ruf: *„Ich bin verloren, ich bin verloren!“* Es war des Knaben Stimme. Er war in eine Schlucht geglitten und konnte sich nicht heraushelfen. Starke Männer stiegen zu ihm hinab, und das Knäblein war gerettet. *Sein Rufen hatte ihm Hilfe gebracht.*

O du in der Grube der Verzagtheit ringende Seele, rufe auch du! Sprich auch wie jenes Kind: „Ich bin verloren!“ Auch du wirst gesucht von einem, der mächtig ist, zu helfen. Welcherlei auch die Tiefe sei, in der du leidest, rufe nur zu deinem Gott und schütte dein Herz vor ihm aus!

*Sich durchrichten lassen*

*„So du willst, Herr, Sünden zurechnen, Herr, wer wird bestehen?“* (V. 3).

Jedes Leid, das uns trifft, hat den Zweck, uns zu reinigen. Die durch den scharfen Pflug der Trübsal gelokkerte Herzenserde wird, wenn es recht steht, empfänglich für den Samen des göttlichen Wortes und den Einfluß des Heiligen Geistes. Wer aufmerksam ist, fühlt unmittelbar, was der Herr ihm zu sagen hat, wenn eine

Trübsal irgendwelcher Art ihn in die Tiefe führt. Und das Gotteskind, dem es daran liegt, tief innerlich gereinigt und mit Gott in völligen Einklang gebracht zu sein, gibt sich willig, wenn auch mit blutendem Herzen, dem inneren Richten hin. Dieses Sichbeugen vor Gott in aufrichtiger Buße ist der erste Schritt aus der Tiefe heraus. Von dem Augenblick an, wo die Seele die Züchtigung als vollkommen gerecht erkennt und die Schuld bei sich allein und nicht bei anderen Menschen oder in den Umständen sucht, fängt sie an, das Licht zu schauen. Denn dann ist sie gebrochen, und ein zerbrochenes und zerschlagenes Herz gefällt Gott wohl.

Das Bekenntnis der Sünde ist eine Tat der *Befreiung*. Ein erwecktes Gemüt, das es nicht zu einem freimütigen Bekenntnis seiner Schuld und zu einem entschiedenen Bruch mit aller Sünde bringt, kommt nie zur vollen Freiheit. Davids Bekenntnisworte beweisen, wie tief er seine Sünde erkannte, aber auch wie völlig er seinem Gott vertraute.

Und die Kinder des Neuen Bundes haben einen noch viel stärkeren Trost; denn das Gericht, das sie scheuen müßten, ist an ihrem Bürgen vollzogen, und in ihm geborgen sind sie frei.

### *Harren*

*„Meine Seele harret auf den Herrn, wie einer auf die Morgenröte harret“* (V. 6).

Der alte Johann Arndt sagt: „Ich weiß wohl, daß, obgleich unser lieber Herr unser Gebet und Seufzen allezeit erhört, so *hüpfet er uns doch nicht alsobald auf*, wie und wann wir wollen, sondern läßt uns die Sporen unter dem lieben Kreuze wohl vertiefen. Aber er gedenkt doch an unser Gebet und Seufzen und tut zu seiner Zeit, was wir gebeten haben."

Ja, zu dem Rufen und dem Durchrichtenlassen gehört das Harren.

Im Alltagsleben versteht man gar wohl den Nutzen, ja die Notwendigkeit des Wartens. Unreine Wäsche muß man lange in der Lauge liegen lassen, damit die Flekken gründlich vergehen. Gold und Silber müssen lange im Tiegel bleiben, bis sie von allen Schlacken gereinigt sind. Und es braucht oft lange, bis die Schäden der Seele recht erkannt, verabscheut und in Gottes Kraft abgelegt werden. Darum harre aus, o Seele, auch in der Tiefe, in die du geführt worden bist!

Das deutsche Wort *„harren"* drückt eine sehnsüchtige, aber bestimmte Erwartung aus. „Ich harrte des Herrn", singt David in einem anderen Psalm, „und er neigte sich zu mir und hörte mein Flehen." Dieses Harren ist nicht ein stumpfes, resigniertes Abwartenkönnen, sondern ein starkes, sehnendes Verlangen. Meine Seele wartet auf den Herrn wie die auf die Morgenröte Wartenden. Das Bild ist unendlich zart und vielsagend. Hast du schon an einem Krankenbett gesessen oder selbst auf einem Schmerzenslager gelegen in finsterer Nacht? Wie legte sich die Furcht so schwer auf dein Gemüt! Wie schlich Stunde um Stunde so langsam vorbei! Will es denn immer noch nicht tagen? Endlich, endlich bricht ein erster, fahler Schein durch das Fenster. Bald leuchtet es golden und blau am östlichen Horizont. Die Morgenröte ist da; bald muß der Tag erscheinen und die Nacht dem hellen Licht weichen.

So harrt eine Seele, die schlechterdings nicht mehr sein kann ohne Gott. So rang einst Jakob mit dem Herrn und überwand mit den Worten: „Ich lasse dich nicht, du segnest mich denn!“ Und als er, besiegt und doch ein Sieger, seines Weges weiterschritt, da *ging ihm die Sonne auf,* und er konnte rühmen: „Ich habe Gott von Angesicht gesehen, und meine Seele ist genesen.“

Kehren wir zu unserem Psalm zurück, so fällt uns noch ein Wort auf, das eng verbunden ist mit dem vorigen:

### *Hoffen*

*„Israel hoffe auf den Herrn!“* (V. 7).

Das Harren, von dem wir eben sprachen, wäre unmöglich, wenn es nicht verbunden wäre mit dem Hoffen. Schon einmal ist in diesem Abschnitt auf die Hoffnung hingewiesen worden. Sie gehört mit zu dem herrlichsten Dreigestirn, das den Christen leuchtet: „Glaube, Hoffnung, Liebe.“ Christen sind Hoffnungsleute. Es kann nicht anders sein.

Sie können nicht verzagen
mit einem solchen Herrn,
der ihre Schuld getragen,
der herrlich hilft und gern.

„Der Herr hat Wohlgefallen an denen, die ihn fürchten, die auf seine Güte hoffen“ (Ps. 147, 11). Geben wir in unseren Nächten doch der Hoffnung Raum! Er, der aus Steinen dem Abraham Kinder erwecken kann, er, der es in seinem Worte zugesagt hat, es müssen alle Dinge zum Besten dienen denen, die ihn lieben, er ist es wert, daß wir unsere Hoffnung auf ihn setzen. Vielfach dürfen wir diese köstliche Wahrheit schon hier erfahren, und welche Enthüllungen sind uns vorbehalten im Jenseits!

## *Glauben*

*„Bei dem Herrn ist die Gnade und viel Erlösung bei ihm“* (V. 7).

Das ist der Schlußakkord des Liedes *aus den Tiefen.* Das Wort richtet den Blick empor von allem eignen Elend und Unwert zu dem herrlichen Heiland und Erlöser. *Viel Erlösung* ist bei ihm. *Viel* Hilfe ist da für das viele Elend, für all die Tiefen der Sünde, des Leidens und der Not. Wir bleiben oft zitternd stehen vor seinem Tor, statt auf seine Einladung hin uns zu setzen an seinen Tisch und zu nehmen eine Gnade um die andere. Glauben ist Besitzergreifen. Er gibt den Seinen Leben und volle Genüge. — So wird der Schrei aus den Tiefen zu einem „Lied im höhern Chor“.

Ein Bild aus dem Leben soll diesen Abschnitt beschließen. Vor vielen Jahren habe ich es geschaut, und der Mann, von dem ich rede, ist schon lange allem Erdenleid auf ewig entrückt. Aber damals war er in einer grauenhaften Tiefe. Über den tiefgebeugten, innig-frommen Vater waren alle Wasserwogen und Wellen gegangen.

„Ihr kommt zu einem Büßer“, sagte er nach kurzer Begrüßung. „Ich sitze hier im Staube und in der Asche.“ Er fand in seiner Not kein anderes Wort als das: „De profundis“ (Aus der Tiefe).

Das geistvolle Gesicht, von schneeweißem Haar gekrönt, bleibt meinem Gedächtnis unauslöschlich eingegraben.

Aber der Trost des Allmächtigen fand den betrübten Knecht auch in der Tiefe seines Elends. Es wurde wieder licht in ihm und um ihn her, ja, auch durch sein

Zeugnis. Wie es kam, kann ich nicht im einzelnen erzählen. Ich weiß nur das eine, daß er den Weg nahm, den unser Psalm uns gewiesen hat, den Weg, der durch *Rufen* und *Beugen,* durch *Harren, Hoffen* und *Glauben* aus der Tiefe zur seligen Erhöhung führt.

## LOSGELÖST

Gelöste Leute will der König haben,
gelöst vom Eigenleben, los von sich,
die ihrem Herrn und Heiland gern sich gaben,
frei von der Pflege ihres eignen Ich.

Gelöste Leute nur sind frei zum Dienen
und jeden Augenblick für Gott bereit;
gelöste Leute nur, wenn er erschienen,
zieht er empor zu seiner Herrlichkeit.

*Losgelöst,* in dem tiefen Sinne des Wortes, wie es in obigen Zeilen ausgedrückt ist, sollten alle sein und immer mehr werden, die die befreiende Macht der Gnade erfahren haben und ihrem Erlöser zu Diensten stehen wollen. Ich möchte daher dem, was ich meinen lieben alternden Weggenossen zu sagen habe, etliche allgemeine Bemerkungen vorausschicken.

„Erlöster müßtet ihr aussehen, ihr Erlösten, wenn wir an euren Erlöser glauben sollen." Dieses bittere Wort des christusfeindlichen Philosophen Nietzsche trifft mein Herz wie ein Schlag ins Angesicht und füllt mich mit Scham und Schmerz. Es ist nur zu wahr. Allerdings sieht jener Gegner nicht hinein in das siegreiche Leben mancher Christen, die in Tat und Wahrheit erlöst sind von ihrem eitlen Wandel nach väterlicher Weise durch das teure Blut Christi. Aber wir fühlen es doch und wollen uns darunter beugen: Erlöster, gelöster von allen Banden sollten wir sein, die wir solch einen mächtigen Erlöser *haben,* gelöst von uns selbst und unserer Eigenheit, unserer Eigenliebe und unserem Eigenwillen, gelöst von den Fesseln der Sünde und des Verderbens. Etwas von dieser Befreiung haben alle erfahren, die im Glauben des Retters Hand ergriffen haben. Aber es gilt zu wachen und zu beten, immer tiefer einzudringen in das Geheimnis der Erlösung, immer völliger sich durch den Herrn lösen zu lassen von allem, was er nicht ist, was ihn nicht meint.

In diesem Sinne singt Spitta so schön:

„O mein Erlöser, der für mich gestorben
und der mich Gott erkauft mit seinem Blut,
der mir Vergebung aller Schuld erworben,
daß nun mein Herz im Frieden Gottes ruht:
Du wollest mich denn immer mehr erlösen,
von allen Banden völliger befrein,
bei aller List und aller Macht des Bösen
der starke Held, in dem ich siege, sein!"

Das Losgelöstsein, von dem ich heute reden möchte, betrifft jedoch nicht nur etwaige sündliche Mächte *in uns*, sondern auch Beziehungen zu Personen und Dingen *um uns her*, Bande, die an und für sich gut und recht sind, die uns aber zur Kette werden, sobald wir das Herz daran hängen.

In unserem Sonnensystem gibt es nur *eine* Sonne, von der unserer Erde Licht und Wärme zuströmt in reicher Fülle. Um sie herum kreisen alle Planeten nach bestimmter Ordnung Tag und Nacht. Würde irgendein Stern von besonderer Schöne zum Mittelpunkt gemacht, so käme das ganze System in Unordnung und Verwirrung. So ist es auch im geistlichen, himmlischen Sonnensystem. Unser Gott in seiner heiligen Dreieinigkeit ist unsere Sonne. Wird in unserem inneren und äußeren Leben alles in Beziehung zu ihm gebracht, also daß wir ihn lieben von *ganzem Herzen*, von *ganzer Seele*, von *ganzem Gemüt* und aus *allen* unseren *Kräften*, dann ist in unserem täglichen Leben und Wandel wahre Harmonie vorhanden. Dann fügen sich alle die Sternlein irdischer Liebe und Freundschaft ganz selbstverständlich unter die alles umfassende Gottesliebe.

Auch andere Gaben und Segnungen: der Genuß von Kunst und Wissenschaft, Poesie und Musik, die wunderbare Schönheit der Natur in Berg und Tal, Wald und See, alles wird verklärt und geheiligt, wenn es bestrahlt wird von dieser himmlischen Sonne. Der Vater sieht mit Lust, auch wenn ein irdisch Glück uns froh und dankbar macht. Aber er muß alles und in allem sein. Was uns größer und lieber wird als er, verdunkelt sein Licht und bringt uns Elend und Nacht.

Was zwischen die Erd' und die Sonne tritt,
das bringt eine Sonnenfinsternis mit.
O daß doch kein Schatten geschaffener Dinge
uns je eine Gottesfinsternis bringe!

Es ist gesagt worden, der Herr sei eifersüchtig auf unsere Liebe, und die Stelle wird dabei angeführt: „Der Geist, der in euch wohnt, eifert um euch" (Jak. 4, 5). Jawohl, er eifert um uns; aber es ist um unsertwillen. Jenes eigentümliche Wort von der *Selbstlosigkeit Gottes* hat seine vollkommene Richtigkeit. Er eifert um uns und will uns ganz zu eigen haben, weil er weiß, daß wir nur dann vollkommen glücklich sind, wenn er uns alles ist. Das allzu heftige Hangen an einem Menschen bringt Unruhe ins Herz. Das Hangen an Gott bringt Ruhe und Kraft und gibt auch den irdischen Beziehungen ihren schönsten Glanz. Wer alles für Jesum und in seiner Gemeinschaft tut, dient damit auch seinen Hausgenossen am besten. Wir sollen nicht die Menschen weniger lieben, aber den Herrn mehr.

Noch an einem anderen Bilde möchte ich das Verhältnis der göttlichen zu der menschlichen Liebe illustrieren. In der Stiftshütte Israels und später im prächtigen Tempel zu Jerusalem gab es drei klar bezeichnete Abteilungen: den Vorhof, das Heilige und das Allerheiligste. Den *Vorhof* möchte ich vergleichen mit dem weiten Kreise aller Menschen, sonderlich derer, die wir kennen und mit denen wir zusammenleben, die zu lieben unsere Pflicht und unser Vorrecht ist. — Im *Heiligtum* finden wir diejenigen, die durch besondere Bande des Blutes oder durch Gemeinschaft des Geistes mit uns verbunden sind. Der Herr anerkennt diese Beziehungen. Er hat sie geheiligt durch seine Freundschaft mit den Geschwistern von Bethanien und mit dem Jünger, den er liebte. — Aber in dem *Allerheiligsten* unseres Wesens, dem Sitz unserer tiefsten, anbetenden Liebe, darf nur einer wohnen, unser Gott und Herr. Kein irdischer Fuß darf diese Kammer betreten. Alles, was sich *neben den Herrn stellen,* unser Sinnen und Verlangen ablenken will, ist ein Abgott.

Der Segen eines heiligen Gelöstseins von Menschen und Gebundenseins an den Herrn offenbart sich im Leben und im Sterben.

*

Ein seltsamer Vorgang aus der Tierwelt soll uns als ergreifendes Gleichnis dienen. — Ein Naturforscher beobachtete einst im Hochgebirge einen Adler, der auf einem Felsvorsprung gerastet hatte und sich eben wieder mächtig emporschwang. Königlich ging es in die Höhe, der Sonne zu. Bald aber ward der Flug unsicher und schwankend, und nach einigen weiteren Flügelschlägen fiel der schöne Vogel tot zur Erde. Was war geschehen? Der Adler hatte sich zur Beute einen kleinen Marder erspäht und wollte ihn in seinen Horst mitnehmen. Aber das Tierchen, das er in seinen Fängen hielt und an seine Brust drückte, hatte ihn so scharf und tief in die Herzgegend gebissen, daß der Adler dem dadurch verursachten Blutverlust erliegen mußte.

O du zur Herrlichkeit berufene Seele, nimm allen Ernstes deine hohe Berufung wahr! Hüte dich vor der Umklammerung der Dinge dieser Erde, die dich schwächen und ablenken von deinem Ziel! Hüte dich vor den kleinen Mardern! Wirf von dir, haue ab, reiße aus, was dich im Fluge hindern will! Es kann dir das Leben kosten.

Du Adlerseele, eile unentwegt dem Himmel zu!

Nach diesen allgemeinen Ausführungen, die auszusprechen mir ein Bedürfnis war, kehre ich zu meiner eigentlichen Aufgabe zurück und möchte betonen, wie wichtig es in ganz besonderer Weise für uns alternde Leute ist, wirklich *losgelöst* zu sein von irdischen Dingen. Man sollte meinen, das verstehe sich von selbst. Aber die Erfahrung lehrt das Gegenteil. Es ist schon oft beobachtet worden, daß die Alten fast zäher am Leben hängen als die Jungen. Tausendfach sind die Bande, die uns an das Diesseits binden wollen, wenn wir nicht durch den Glauben gekettet sind an das Unsichtbare. Ja, los von dem Irdischen soll sein und immer mehr werden, wer nach dem Himmel strebt.

Die Führungen Gottes mit seinen Kindern dienen mit dazu, sie zu lösen von dem Vergänglichen. Durch mancherlei Erfahrungen und Leiden kommt er ihrer Schwachheit zu Hilfe, lockert den Boden, in dem der Baum gar zu feste Wurzeln geschlagen hat, und weckt im Herzen eine starke Sehnsucht nach der Vollkommenheit, die durch den ganzen Christenlauf hindurch ihr tiefstes Verlangen war. Immer mehr zieht es sie hin zu dem unvergänglichen und unbefleckten und unverwelklichen Erbe, das ihnen behalten wird im Himmel. — Selig sind, die da Heimweh haben; denn sie sollen nach Hause kommen!

*

Die krasseste Form des Hängens am Irdischen tritt zutage beim Sterben eines Geizigen. Davon hat man schon erschütternde Dinge vernommen. Wie schrecklich muß es einem Menschen sein, seinen Götzen, dem er jahrelang alles opferte, fahrenzulassen und arm und bloß hinüberzutreten in die unbekannte Ewigkeit! — Aber man braucht nicht ein Geizhals zu sein, um in verborgener Weise doch am Gelde zu hängen. Es gibt gar feine goldene Ketten, die den Flug der Seele hindern und sie an den Staub der Erde binden.

In wirklich kindischer Weise zeigt sich manchmal das Hängen an kleinen, irdischen Dingen. So erzählt ein Seelsorger von einer armen Näherin, die ihm bekannte, sie könne sich fast nicht trennen von einem schönen Geranienstock, den sie mit besonderer Sorgfalt gepflegt hatte. Das Losreißen machte ihr das Sterben schwer. — Ähnliches ist beobachtet worden bei Männern und Frauen, die in fast unbegreiflicher Weise ihre Herzen und Gedanken nicht zu lösen vermochten von irdischem Besitz und weltlichen Hoffnungen.

Im Gegensatz zu den oben erwähnten Fällen tritt vor mein Geistesauge die liebliche Gestalt einer jungen Frau, die wenige Jahre nach ihrer Verheiratung so schwer erkrankte, daß man sich auf das Schlimmste gefaßt machen mußte. Selbstverständlich beschäftigten sich ihre Gedanken vornehmlich mit dem geliebten Gatten; aber eines Tages kam es ihr auch wehmütig zu Sinn, wie schön und traulich ihr junges Heim ausgestattet sei, und es wollte ihr fast schade erscheinen, es so bald verlassen zu müssen. Da trat ihr ungesucht das Bild vor das innere Auge, wie dem Erzvater Jakob die Botschaft gebracht wurde, sein Sohn Joseph lebe und lasse ihn mit all den Seinen laden, zu ihm nach Ägypten zu kommen. Gar freundlich ließ Joseph beifügen: *„Sehet euren Hausrat nicht an;* denn die Güter des ganzen Landes sollen euer sein.“ Das Wort richtete den Blick der lieben Kranken von aller Lieblichkeit der Erde hinweg zu der Herrlichkeit des himmlischen Vaterhauses und füllte ihr Herz mit stillem Frieden. Ich füge gern bei, daß jene Krankheit nicht zum Tode führte, sondern zur Ehre Gottes ausschlug.

*

Viel, viel tiefer aber als das Verlassen aller irdischen *Dinge* greift selbstverständlich der Gedanke an das Loslösen, wenn es sich um geliebte *Menschen* handelt. Doch gerade hier macht sich, wie oben schon erwähnt, der große Unterschied bemerkbar zwischen solchen, die in abgöttischer Weise an ihren Geliebten hingen, und solchen, deren Leben und Lieben in Gott wurzelte. Der unsagbare Schmerz der Trennung und des Vermissens ist nicht geringer, aber der Trost ist größer. Die äußere Umgebung ist verdüstert, aber das innere Licht strahlt hell; denn wo Jesus ist, ist Klarheit. — Das irdische Band ist gelöst; aber die tiefe geistliche Verbindung bleibt, weil *der* bleibt, dessen Liebe die Seinen in Ewigkeit verbindet. Darum dürfen wir sagen:

O suchet nicht in weiter Fern',
die da entschlafen sind im Herrn;
sein heil'ges Wort bezeugt es klar:
sie sind bei Christo immerdar.

Bei Christo, nicht in fremdem Raum,
nicht als in schattenhaftem Traum.
Bei Christo, der zu jeder Frist,
wie er's gesagt, bei uns auch ist.

Bei Christo hier, bei Christo dort,
o seliger Begegnungsort!
So sind wir nicht geschieden weit:
sie sind nur auf der andern Seit'.

*Losgelöst* vom eignen Wesen, *festgebunden* an den Herrn, so läßt es sich selig wandeln auch im Leid.

# UNSER IRDISCHES ZELTHAUS

Wir wissen aber, so unser irdisches Haus dieser Hütte zerbrochen wird, daß wir einen Bau haben von Gott erbaut, ein Haus, nicht mit Händen gemacht, das ewig ist, im Himmel. 2. Kor. 5, 1

Ein Schatten lag auf dem sonst so sonnigen Kindesgesicht. Der Tod war in den Bekanntenkreis getreten, und obwohl dem Mägdlein vieles verborgen geblieben war, fühlte es doch etwas von dem Schrecken des Grabes. Es stand vor lauter Fragen und Rätseln. Man sprach davon, der Freund sei in den Himmel gegangen, und doch war man so traurig. Wie sollte das stimmen? Da schmiegte sich das Kind dicht an die Mutter an und fragte leise: „Kann man denn nicht *ungesterbt* in den Himmel gehen?"

O Kind, deine Frage findet ein Echo auch im Herzen älterer und weiserer Leute, als du bist! Klingt nicht sogar etwas davon durch die Worte des heiligen Apostels selbst, wenn er sagt: Wir wollten lieber nicht *entkleidet*, sondern *überkleidet* werden, auf daß das Sterbliche würde verschlungen vom Leben?

„Ungesterbt in den Himmel gehen" wie Henoch und Elia, ja, das wäre schön! Das meinte auch ein Büblein, das in der Schule der Geschichte von Elias Himmelfahrt gelauscht hatte. „Was hättet ihr wohl geantwortet", fragte der Lehrer, „wenn Elia euch gesagt hätte: ‚Bittet, was ich euch geben soll, wenn ich von euch genommen werde!'?" Die einen sagten dies, die anderen jenes. Unser Büblein aber rief laut: „Ich hätte gesagt: O bitte, laß mich hinten aufsitzen!"

Aber es sind seither keine feurigen Rosse und Wagen erschienen, um die Heiligen Gottes „ungesterbt" in den Himmel zu führen. Eins um das andere sind sie durch das Tal der Todesschatten geschritten, die einen in stiller Ergebung, die anderen mit dem Jubelschall der Errettung.

Einst wird der Tag erscheinen, und mit Sehnsucht wartet die Brautgemeinde Jesu Christi darauf, „da er selbst, der Herr, mit einem Feldgeschrei und der Stimme des Erzengels herniederkommen wird vom Himmel, und die Toten in Christo werden auferstehen zuerst. Danach wir, die wir leben und überbleiben, werden zugleich mit denselben hingerückt werden in den Wolken, dem Herrn entgegen in der Luft und werden bei dem Herrn sein allezeit" (1. Thess. 4, 16. 17; siehe auch 1. Kor. 15, 51. 52). Selig, wem der Herr Christus *jetzt* schon der große Magnet geworden ist, der Herz und Sinne allezeit in seine Nähe und Gemeinschaft zieht! Ja, selig die Knechte, die auf ihren Herrn warten!

Aber mittlerweile brauchen wir nicht zu zagen und zu klagen. Denn Jesus Christus hat dem Tode die Macht genommen und das Leben und ein unvergängliches Wesen ans Licht gebracht durch das Evangelium. Zu diesem Evangelium, dieser *guten Botschaft,* gehört auch die Kunde unseres Kapitels, dem die Worte unserer Überschrift entnommen sind. Wir wollen uns ein Weilchen darein versenken.

Das irdische Haus dieser Hütte, das Zelthaus, von dem hier die Rede ist, ist unser Leib. Darin haben wir gewohnt seit dem Tage unserer Geburt. Petrus braucht denselben Ausdruck, wenn er von seinem nahe bevorstehenden Heimgang sagt: „Ich weiß, daß ich meine

Hütte bald ablegen werde“ (2. Petr. 1, 14). Und schon der alte Hiob spielt darauf an, wenn er von den Menschen spricht als von solchen, die in Lehmhütten wohnen (Hiob 4, 19).

In meiner Jugend, die ich in Palästina zubrachte, lernte ich das Wohnen und Reisen in Zelten gut kennen; darum ist mir das Wort so lieb und vielsagend. Wie leicht und schnell war solch ein Zelt abgebrochen! Wie freute man sich, nach längerer Zeltwanderung wieder nach Hause zu kommen! Ich meine, dieses Bild vom Zelthaus birgt einen wohltuenden Gedanken. Dieser mein Leib, der immer älter und hinfälliger wird, ist nicht *ich selbst.* Er ist nur mein vorübergehendes Zelt, das ich nach kürzerer oder längerer Zeit verlassen werde. Mein eigentliches Ich, meine Persönlichkeit, hört nicht auf, wenn mein physisches Herz stillsteht. Ich werde weiterleben. Ich werde weiter lieben. Ich werde weiter, nur noch viel völliger als bisher, an meinem Gott und Heiland hangen, der mein Leben geworden ist. „Denn wer da lebt und glaubt an mich“, spricht er, *„wird nimmermehr sterben“* (Joh. 11, 26).

Ob einer schläft auf weichen Kissen ein,
von Engelshänden sanft emporgetragen;
ob ihn umlodert wilder Flammen Schein
und aufwärts führt ein grauser Feuerwagen;
ob unter Steinwurf, ob durch Schwertes Streich,
ob auf dem Schlachtgefild das Herz ihm bricht:
Wer Jesum hat, hat Leben auch zugleich,
er stirbet nicht!

*

Wunderbar klar und bestimmt sind die Worte, mit denen Paulus seine Ausführungen beginnt: Wir *wissen;*

wir *haben.* Wie anders klingt das als die Sprache mancher modernen Menschen, die sich — die einen mit einem gewissen Hochmut, die andern mit schwacher Wehmut — Agnostiker nennen, d. h. solche, die nicht wissen! Paulus aber *weiß,* weil er etwas *hat.* Eine solche Gewißheit im Angesicht des Todes muß eine feste, unerschütterliche Grundlage haben; und sie hat sie auch.

Es ist ja unleugbar, daß viele Fragen im Herzen wach werden in bezug auf den Zustand unmittelbar nach dem Tode, sowohl wenn wir unsere Geliebten von uns scheiden sehen, als auch wenn wir an das eigne Sterben denken. Es ist noch keiner zurückgekommen, um uns Kunde zu bringen von dem, was er auf diesem Wege erfahren hat. Es ist gut so. Um so fleißiger sollen wir achten auf das, was uns als Gewißheit geoffenbart ist, und uns befassen mit den großen Wirklichkeiten, die sich vor unseren Blicken entrollen.

Der Apostel nimmt es fürwahr nicht oberflächlich mit diesen ernsten Dingen; das hören wir aus seinem energischen Ausruf: „So doch, daß wir, wenn unser Zelthaus zusammenbricht, *bekleidet* und nicht *bloß* erfunden werden!“ (V. 3). Entziehe sich doch niemand der ernsten Erwägung, daß der Tod keine wesentliche Veränderung in uns hervorbringen wird! Er ist nur gleichsam das Öffnen einer Tür, das Heben eines Vorhangs. Geradeso, wie wir in Wirklichkeit sind, werden wir im Augenblick des Sterbens in die Erscheinung treten. Keine künstliche Hülle wird uns bergen. Es ist alles bloß und entdeckt vor den Augen dessen, mit dem wir es zu tun haben. Nur in *Christo* geborgen, nur in seine vollkommene Gerechtigkeit gehüllt, können wir bestehen in jener ernsten Stunde.

Wie wird dieses bergende Kleid, dieser Bau, nicht mit Händen gemacht, erlangt? Wir können keine bessere Anleitung dazu finden als die in unserem Kapitel gegebene. Eine teure, nun heimgegangene Schwester machte mich einst darauf aufmerksam: „Man muß die letzten Verse des Kapitels erlebt haben, um die ersten zu verstehen." Es ist so.

In den wuchtigen Schlußversen sehen wir das granitene Fundament, auf dem der ganze Bau unserer Seligkeit ruht: „Gott hat *den,* der von keiner Sünde wußte, für uns zur Sünde gemacht, auf daß wir würden *in ihm* die Gerechtigkeit, die vor Gott gilt" (V. 21). Das ist ein wunderbarer, ein seliger Tausch. Wer ihn in Aufrichtigkeit gemacht, seine Sünden bekannt und ihnen von Herzen entsagt hat und dagegen die Gerechtigkeit des Gekreuzigten und Auferstandenen ergreift und darin bleibt, der hat das Leben und weiß, daß er es hat. Er ist eine *neue Kreatur* (V. 17). Das Alte ist vergangen; es ist alles neu geworden. Auf Golgatha ist der Rock der Gerechtigkeit gewirkt worden, in den sich die Seele hüllen und dann glaubend rühmen kann:

> Von Kopf zu Fuß bedeckt mich ja
> dein wundervolles weißes Kleid,
> da hüll' ich mich hinein, und da
> vergeß ich all mein bittres Leid.

Dieses neue Leben muß sich in praktischer Weise offenbaren, wie es ja in all den übrigen Versen dieses wunderbaren Kapitels beschrieben ist, und führt zu dem seligen Wissen und Haben, womit der ganze Abschnitt beginnt.

In dieser Verbindung treffen wir auch zum erstenmal auf ein Wort, das uns seither gar lieb und traut geworden ist: *daheim sein bei dem Herrn* (V. 8). Es ist dies also ein göttlich sanktioniertes Wort, keine sentimentale Redensart. *Daheim!* Wer kann es aussprechen, was alles in dem Worte liegt? *Daheim!* Da ist Vatertreue, Mutterliebe, da ist volles Wohlsein, ungetrübtes Vertrauen, tiefe Ruhe. Wer hienieden in Jesu seine Heimat gefunden hat, darf, wenn er diese Erde verläßt, recht wesentlich *heimgehen.* „Wer in des Vaters Armen einschläft, braucht für sein Erwachen nicht zu sorgen."

Schon von altersher ist der Vergleich gezogen worden zwischen der Geburt des Menschen und seinem Abscheiden. Das Kindlein kommt in die Welt in ein ihm völlig unbekanntes Gebiet. Aber siehe da, es ist alles aufs beste für seine Ankunft vorbereitet! Elternliebe harrt seiner. Wiege und Nahrung sind vorhanden. Es braucht nur zu kommen. Ähnlich mag es sein, wenn ein eben den Fesseln der Leiblichkeit entrücktes Gotteskind hinübertritt in das unbekannte Jenseits. Es wird auch alles zubereitet finden in den vielen Wohnungen des Vaters. Mit voller Zuversicht darf es seinen dem irdischen Zelthause entfliehenden Geist in seines Gottes Hände befehlen, wie es sein sterbender Erlöser tat, und wie Stephanus, der erste Blutzeuge, in wunderbarer Ähnlichkeit mit seinem Herrn, auch ausrief: „Herr Jesu, nimm meinen Geist auf!"

O wie notwendig ist es für uns alternde Leute, allezeit *fröhlich gerüstet zu sein* auf den Abruf, damit wir mit dem Himmel im Herzen dem Himmel zuwandern können! Ein gar liebliches Zeugnis wurde einst von einer damals noch weltlich gesinnten Verwandten einer treuen Jüngerin des Herrn gegeben. Diese war ganz schnell und unerwartet gestorben, nach einem Leben des

Glaubens und der Liebe. Mit Tränen in den Augen sagte mir die Schwägerin: „Ich habe manchmal Mühe, mir die Verstorbenen, mit denen ich im täglichen Leben verkehrt habe, auf einmal als Selige im Himmel zu denken. Aber bei N. scheint es mir ganz natürlich. Ich kann sie mir dort vorstellen, *genau, wie sie hier war.*“

*

Es sind schon viele Jahre her, daß ich mit meinem Manne am Sterbebett eines Jünglings stand, der den oben gezeichneten Weg des Glaubens gewandelt und durch eine heftig aufgetretene Lungenentzündung unerwartet schnell ans Ziel gelangt war. Er hatte in voller Kenntnis seines Zustandes ein ergreifendes Zeugnis seines Glaubens abgelegt und war voll Frieden und siegreicher Freude. Nun lag er da mit geschlossenen Augen; es schien, als könne jede Minute die letzte sein. Seine Schwester und etliche Freunde knieten am Bett, und mein Mann befahl im Gebet die scheidende Seele in des Erlösers Hand. Leise stimmte die Schwester das Lied an:

„Tod, mein Hüttlein kannst du brechen,
das ein Werk von Leimen ist.“

Da schlug der Sterbende noch einmal die Augen auf, und mit leuchtendem Blick, in schönem, tiefem Baßton sang er mit:

„Aber du hast nichts zu rächen,
meine Sünden sind gebüßt;
ja, gebüßt, doch nicht von mir,
nein, der Mittler starb dafür.“

Wenige Augenblicke nachher war er *daheim.*

*

Scheint es dem einen oder anderen meiner Leser, diese Betrachtungen passen wenig in ein Buch, das den Titel „*Frohes Alter*" trägt? Ich meine, sie haben doch ihre Berechtigung. Denn das ist nicht wahre Freude, die sich das Traurige aus dem Sinn zu schlagen und es zu vergessen sucht. Nein, wahre Freude weiß den Schmerz so in das göttliche Licht zu stellen, daß er verwandelt wird in stille Ergebung und sogar in reinen Lobgesang. — Das ist nicht Mut, der die Gefahr übersehen und verkleinern will. Nein, wahrer Mut blickt der Gefahr fest ins Auge, ergreift den Schild des Glaubens und weiß: Jesus hat für mich überwunden!

*

Ganz kurz möchte ich noch einen Punkt berühren, der manchen lieben Heimeilenden eine leise Sorge bereitet. Sie fürchten sich nicht vor dem Tode selbst, weil sie ihres Heils durch Jesum gewiß geworden sind und das Zeugnis ewigen Lebens in sich tragen. Aber es bangt ihnen vor der leiblichen Not, die das Lösen der irdischen Bande oft mit sich bringt. Diese angstvollen Gefühle stellen sich öfter ein bei Personen, die schwere Erfahrungen an Sterbebetten gemacht haben. Mehrmals in meinem Leben sind mir von teuren Kranken diese heimlichen Nöte geoffenbart und zum Gegenstand ernster, gläubiger Fürbitte gemacht worden. Und jedesmal hat der Herr sichtlich erhört und geholfen. Das erstemal war es ein väterlicher Freund und Seelsorger, der an peinlichen Erstickungsanfällen litt, und dem es im Blick auf das Ende bange werden wollte. Ich hätte ihm so gern meine dankbare Liebe irgendwie gezeigt. „Eins kannst du tun, mein liebes Kind", sagte er, „bete, daß der Herr es gnädig mit mir machen und mein Zelthaus leise und still abbrechen wolle!" Einige Wochen darauf kam das Ende. Er entschlief so sanft, daß seine Gattin, die seine Hand in der ihren hielt, den letzten Atemzug kaum merkte.

Und vor kurzem erst durfte ich Ähnliches erfahren beim Heimgang einer geliebten Tochter, die als einstige Diakonisse manch schwerem Sterben beigewohnt hatte und nun beim herannahenden eignen Heimgang jene physischen Ängste und Beklommenheiten wohl kannte. Wir machten aus dieser Sorge ein Gebet, und als das letzte Stündlein nahte, war keine Spur von Bangigkeit vorhanden. Ganz fröhlich rief sie aus: „Ist das wohl das Sterben? Wenn ja, o, dann ist es gar nicht schrecklich! Ich bin in vollem Frieden!" Wenige Tage vorher hatte sie einer Freundin geschrieben: *„Bald werde ich den König sehen in seiner Schöne."*

Sagen wir nur unserem barmherzigen Hohenpriester und allmächtigen Heiland alles, alles, was uns irgend quält! Er erhört Gebet. Er kann durch des Todes Türen träumend führen und macht uns auf einmal frei. Er kann aber auch im Leiden des Todes sein Kind so stärken, daß es rühmen darf: „In dem allen überwinden wir weit durch den, der uns geliebt hat."

# IM TIEGEL

> Der Herr ist bei dir in des Leidens Feuer,
> der Schmelzer hält in seiner Hand die Uhr;
> es wachet über dir sein Blick, sein treuer,
> nicht brennen soll das Gold, ihm ist's zu teuer.
> So fürchte dich denn nicht und glaube nur!

Nur zaghaft wage ich mich an diesen Abschnitt heran. Ich habe den Eindruck, ich sei nicht würdig, ein Thema zu berühren, dessen Tiefe ich nicht aus Erfahrung kenne. Und doch scheint es mir, ich dürfe es nicht ganz ausschalten aus diesen Seiten; denn wohl wenigen von uns alternden Leuten wird das Reinigungsfeuer des Leidens ganz erspart.

Ich denke jetzt in besonderer Weise an schwere körperliche Leiden; seelische Nöte berührten wir eingehender, als wir von dem Rufen *aus der Tiefe* sprachen. Ich brauche nicht viele eigne Worte zu machen, sondern freue mich, an einigen edlen Gestalten zeigen zu können, wie herrlich Gott den Seinen auch im Ofen des Elends beistehen und sie siegreich hindurchbringen kann.

Vielen meiner Leser ist wohl der Name meines ehrwürdigen Oheims, Samuel Zeller von Männedorf, bekannt. Sie wissen, daß er sein Leben verzehrt hat im Dienste seines Herrn, besonders in der Pflege von leiblich und geistig Kranken, die er durch gläubiges Gebet dem großen Arzt darbrachte und mit viel Liebe und Treue behandelte. Einundfünfzig Jahre lang hatte er in Männedorf seinen gesegneten Dienst getan. Da geschah es, daß er im Sommer 1911 einen Schlaganfall erlitt, von dem er sich nicht mehr erholte. Monat um Monat schwand dahin und brachte die erhoffte Besserung nicht. Er, der so vielen geholfen und oft so wunderbares Eingreifen des Herrn hatte erfahren dürfen, blieb krank und hilfsbedürftig. Sein Zimmer ward für ihn ein Sarepta, eine Schmelzhütte, aber auch für ihn selbst und für viele andere ein Bethel, eine Segensstätte. Kurze, kräftige Aussprüche zeigten seiner Umgebung an, was seinen Geist beschäftigte:

„Ich kann nichts mehr tun; das ist schwer. Aber den Heiland machen lassen, das ist herrlich."

„Eins bitte ich: Herr, mache mich auserwählt im Ofen des Elends, sauber, sauber, und dann hole mich heim!"

„Mein Heiland braucht mich jetzt nicht mehr; ich brauche nur ihn."

„Herr Jesu, laß deinen heiligen Gotteswillen ganz und voll geschehen! Nimm dich meiner an und vollende dein Werk in mir!"

Ein Wort, das ihm während der langen Leidensmonate einen tiefen, bleibenden Eindruck machte, und das deshalb in der Folgezeit in silberner Schrift auf schwarzem Grunde neben seinem Bette hing, war: *Silberblick*. Es stammte von einem Blättchen des Neukirchener Abreißkalenders. Dort hieß es:

„Der Tiegel ist das Gefäß, in dem der Goldschmied das edle Metall auf das Feuer stellt. In den Schmelzhütten Clausthals im Harz wird bevorzugten Reisenden wohl gezeigt, wie das Silber im Tiegel auf dem Feuer so lange steht, bis die letzte Schlacke verzehrt ist und der ‚Silberblick' erscheint. Der Silberblick aber fliegt wie ein heller Schein über das Silber im Tiegel; wenn er erscheint, dann ist der Augenblick da, wo der Schmelzer das edle Metall aus dem Feuer nehmen muß. Ließe er es einen Augenblick länger darin, so würde es verbrennen. Deshalb sitzt der Goldschmied vornübergebeugt über dem Tiegel, daß er den rechten Augenblick nicht verpasse. — So steht auch Gott nicht etwa weit davon, wenn er seine Kinder in den Trübsalsofen tut. Er wartet auf den Silberblick, auf den hellen Schein, in dem ihm sein Bild aus dem Menschenherzen entgegenleuchtet. Keinen Augenblick länger läßt er sie in der Trübsal, als bis das geschieht. Schon der Prophet hat ihn so geschaut: ‚Er wird sitzen und schmelzen und das Silber reinigen' (Mal. 3, 3)."

Oft wies der teure Kranke die ihn besuchenden Freunde auf das leuchtende Wort und sagte: „Das ist jetzt meine Predigt."

So ging er im Frieden seines Gottes am 18. April 1912 heim.

*

Von einem andern Knecht Gottes, dem Professor F. Hermann Krüger, darf ich kurz erzählen. Er hatte einst als Missionar in Madagaskar gewirkt und wurde später Lehrer und Mitdirektor des Pariser Missionshauses, ein hochbegabter Mann und ganzer Christ. Nach Gottes unerforschlichem Rat befiel eine äußerst schmerzliche Krankheit, deren Keim er sich wohl in Afrika geholt hatte, den im besten Mannesalter stehenden Freund und verursachte ihm unaussprechliches Leiden. Er sprach nicht viel; aber sein Schweigen und Dulden und der stille Friede, der auf dem schmerzdurchfurchten Antlitz lag, waren eine beredte Sprache. Es war der *Silberblick.* Am 21. Juli 1900 ging er heim. Ein köstliches Vermächtnis hat er hinterlassen in einem Liede, das er mitten aus großen Schmerzen verfaßte, und das hier einschalten zu dürfen mir eine Freude ist und meinen Lesern eine Erquickung bringen wird:

Gnade muß es sein — Gnade ganz allein!
Alles andre geht in Stücke,
ist nur eine schlechte Krücke:
Gnade hält allein — Gnade muß es sein!

Aller eigne Wert nur den Hochmut nährt.
Alles, was ich selbst erworben,
hat die Sünde ganz verdorben.
Gnade muß es sein — Gnade ganz allein!

Gottes Liebesrat, Jesu Todestat
und des Geistes neues Leben —
was sonst könnt' mir Frieden geben?
Nichts als Gnad' allein — Gnade muß es sein!

Selig, wer die Sünd' mutig überwind't,
rein durchs Blut des Kreuzesstammes,
Sieger durch den Sieg des Lammes,
der rühmt Gnad' allein — Gnade muß es sein!

Ein verwund'tes Reh sich mit Ach und Weh
unvermerkt ins Dickicht flüchtet;
so ist all mein Sinn gerichtet
nur auf Gnad' allein — Gnade muß es sein!

Ob der Bösewicht mir das Herz anficht,
soll mich rühren gar kein Schade,
mein Vertraun ist Gottes Gnade,
seine Gnad' allein — Gnade muß es sein!

Wenn zu herb der Schmerz und schier bricht das Herz,
wenn im düstern Tal es dunkelt,
schau' ich auf, und sieh, es funkelt
mir der Gnade Schein — Gnade muß es sein!

Also Gnad' allein, Gnade muß es sein:
Gnad' zum Leben, Gnad' zum Sterben,
Gnad', den Himmel zu ererben.
Nichts als Gnad' allein — Gnade muß es sein!

*

Noch eine Leidensgestalt tritt vor mein Geistesauge, eine mit hohen Geistesgaben ausgerüstete Magd des Herrn, durch deren Dienst viele Seelen zum Herrn geführt worden waren. Kann es sein, daß gerade solche auserwählten Rüstzeuge noch in besonderer Weise geprüft und geläutert werden müssen? Der Herr macht keine Fehler.

Das Leiden der teuren Kranken war überaus qualvoll und dauerte viele Monate. Aber der Herr erhielt sie in stetem, vollem Frieden. Einst wurde sie von etlichen Freunden besucht, die in recht unverständiger Weise sie beinahe tadelten, daß sie so lange krank sei und die göttliche Heilung nicht im Glauben ergreifen könne. „Wie würde deine Heilung den Herrn verherrlichen!" riefen sie ihr zu. Die liebe Kranke ließ sich nicht irremachen, wiewohl sie auch den Herrn als ihren Arzt kannte. Ihr Herz war fest geworden durch Gnade. Ganz sanft erwiderte sie: „Kann man denn den Herrn nicht auch im Leiden verherrlichen? Haben denn Sadrach, Mesach und Abednego ihn nicht verherrlicht, als sie in den feurigen Ofen geworfen wurden? Der Herr hätte sie wohl davor bewahren können, wie sie selbst es aussprachen (Dan. 3, 17. 18). Aber er tat noch mehr, er hat sie im Feuer bewahrt (V. 25)."

Unwillkürlich werde ich an eine schöne „Rätselfrage" gemahnt, die einem Kreise von jungen Bibelforschern einst vorgelegt wurde: „Was ist an jenen drei Männern, die Nebukadnezar in den feurigen Ofen werfen ließ, verbrannt?"

„Gar nichts", lautete die überzeugte Antwort. „Es steht ausdrücklich geschrieben: ‚Man konnte keinen Brand an ihnen riechen.'"

„Und dennoch ist etwas an ihnen verbrannt“, sagte der Leiter. „Schaut euch die ganze Stelle nochmals genau an! Waren sie nicht *gebunden* in das Feuer geworfen worden? Der König aber sah sie *los* im Feuer gehen. Was war also verbrannt?“

Da merkten die jungen Bibelleser, wo er hinauswollte, und fast feierlich klang die Antwort: *„Nur die Fesseln!“*

Ja, das ist der Zweck des Läuterungsfeuers: die Fesseln sollen gelöst, verbrannt, zerbrochen werden. Das Feuer, die Trübsal an und für sich tut es zwar nicht; das hat man an traurigen Beispielen gesehen, wo Menschen in ihren Schmerzen dahin kamen, Gott zu lästern und sich der Verzweiflung hinzugeben. Der große Schmelzer ist es, der die Arbeit tut; aber er benützt das Feuer des Leidens als Mittel zum Zweck. Er tut es so schonungsvoll und so zart wie möglich; das bezeugen alle, die sich seiner Kur glaubensvoll überlassen; aber er tut es gründlich. Das werden sie ihm in Ewigkeit danken. Denn was im Feuer vergeht, das sind Schlacken und Unreinheit. Das echte Gold leuchtet nur um so reiner und schöner hervor, damit es stimme zu der strahlenden Durchsichtigkeit des himmlischen Jerusalems.

Lernen wir es immer besser, alle Leiden, die uns befallen, seien sie körperlicher oder geistiger Art, so aufzufassen, als seien sie notwendig zu unserer Vollendung! *Alle* Dinge müssen zusammenwirken zum Besten derer, die Gott lieben (Röm. 8, 28). Und was ist das Beste? Der nächstfolgende Vers sagt es uns: daß wir gleich sein sollen dem *Ebenbilde seines Sohnes.* Nicht wahr, ein solches Ziel zu erlangen, ist das Läuterungsfeuer wert?

Darum halte aus im Leidenstiegel, du schwergeprüftes Herz! Der Herr läßt nicht über Vermögen versucht werden. Halte aus, halte aus! Die Kraft wächst mit dem Tragen. Halte aus! Die Hilfe naht. Nach der dunklen Nacht kommt der helle Morgen. Den Abend lang währet das Weinen; aber des Morgens ist Freude. Halte aus! Dein Helfer ist schon da.

Des Christen Herz auf
Rosen geht,
Wenns mitten unterm
Kreuze steht
RS
1906

## DEIN FREUDIGER GEIST ERHALTE MICH!

> Heil'ger Geist, nur du allein
> kannst von Weh und Schmerz befrein;
> fülle meine Seele ganz
> mit der Freude Himmelsglanz!

Von einem „frohen Alter" will dies Büchlein reden; aber notgedrungen mußten immer wieder Dinge und Umstände berührt werden, die der Freude hinderlich sein und nur durch höhere Kräfte überwunden werden können. Denn hienieden sind wir noch in Feindesland, sind noch in der Schule, haben vielfach auswendig Streit, inwendig Furcht (2. Kor. 7, 5), wandeln im Glauben und nicht im Schauen und müssen mit der vollen, ungetrübten Freude warten, bis wir daheim sind bei dem Herrn.

Aber es soll doch noch einmal dankerfüllten Herzens gezeugt werden von der großen, göttlichen Freude, die auch im Alter und in der Trübsal des Christen Herz bewegt und das irdische Leid mit himmlischem Licht vergoldet.

Es tut dem Herzen wohl, davon zu reden. Denn *diese* Freude ist nichts, was den Menschen erhebt, sondern ihn vielmehr beugt in der Erkenntnis seiner völligen Abhängigkeit von dem Herrn, der allein solche Freude geben kann. Und gerade die, die arm sind und elend und gar nichts mehr haben, finden in ihm alles in allem.

Der Heilige Geist ist ein Geist der Freude. Das wußte schon ein David, als er in tiefer Buße ausrief: „Tröste mich wieder mit deiner Hilfe, und *dein freudiger Geist erhalte mich!*" (Ps. 51, 13. 14 nach Luther.) Welch gute, heilsame Bitte ist das! Der ehrwürdige Zeller von Beuggen hat es einmal ausgesprochen, er habe diese Worte seit Jahren zu seiner *täglichen Bitte* gemacht. Er ist herrlich erhört worden und bis in sein hohes Alter jung und freudig geblieben.

Wir haben es wiederholt betont, daß die tief innerliche Freude, von der wir reden, ihren Ursprung in Gott hat und nur in Verbindung mit ihm uns zuteil wird. Der Vermittler aber dieser köstlichen Gabe ist der Heilige Geist. Die Gnade unseres Herrn Jesu Christi und die Liebe Gottes, des Vaters, wird unser seliger Besitz durch die Gemeinschaft des Heiligen Geistes. — Wie das große *Urlicht* in der *Sonne* eine Gestalt annahm und durch deren *Strahlen* die ganze Erde beleuchtet und belebt, so hat sich die Herrlichkeit Gottes des *Vaters* in seinem *Sohne* Jesus Christus offenbart und ergießt sich durch seinen *Geist* in jedes Herz, das sich ihm in gläubiger Hingabe erschließt. Durch die Erfahrung lernt das schlichteste Gotteskind das große Geheimnis der heiligen Dreieinigkeit erfassen, das den Weisen und Klugen ohne göttliche Erleuchtung verborgen ist.

*

Als unser hochgelobter Herr und Meister in seiner letzten Leidensnacht von seinen Jüngern Abschied nahm, versprach er ihnen einen wundersamen Ersatz für seine persönliche Gegenwart. So groß, so wertvoll war diese Verheißung, daß Jesus sagen konnte: „Es ist euch gut, daß ich hingehe; denn wenn ich nicht hingehe, würde der Tröster nicht zu euch kommen; so ich aber hingehe, will ich ihn senden.“ Gewiß, es war herrlich, an des Heilands Seite durch die Fluren des Gelobten Landes zu ziehen, seine Liebesmacht zu schauen und seinen Worten zu lauschen. Aber ungleich näher konnte Jesus ihnen werden und ist es auch geworden, als er durch seinen Geist *in ihnen lebte* und sie ganz eins wurden mit ihm.

Und das ist das Kleinod, das er jedem einzelnen seiner gläubigen Jünger anbietet. Das ist die *Freude,* von der er selbst sagt: „Euer Herz soll sich freuen, und eure Freude soll niemand von euch nehmen. Solches rede ich zu euch, daß *meine Freude* in euch bleibe und eure Freude vollkommen sei."

O daß alle Leser dieser Zeilen diese Lebensgnade erfahren möchten! Selig ist es, solches schon in der Jugendzeit zu erleben. Aber auch den Alten ist der Segensborn noch offen. So bekannte einst ein ehrwürdiger Freund leuchtenden Antlitzes: „Fünfundsechzig Jahre bin ich ein Gefäß des Zorns gewesen und bin noch ein Gefäß der Barmherzigkeit geworden. Jetzt möchte ich es allen Menschen sagen, daß sie so selig werden können, wie ich bin."

In den Abschiedsreden Jesu, die der Evangelist Johannes zum Segen vieler Tausende so treu aufbewahrt hat, findet sich eine solche Fülle von Licht und Wahrheit über das Wesen und Wirken des Heiligen Geistes, daß es überaus wichtig ist, sich darein zu versenken. Wir lernen aus dem Munde Jesu selbst, daß die Welt *als solche* den Trost des Heiligen Geistes nicht empfangen kann (Joh. 14, 17). Es gilt zuerst auf sein verborgenes Wirken und Werben zu achten. Dieses offenbart sich in einem innerlichen Gestraft- und Überführtwerden von der Sünde, und zwar nicht nur von bestimmten Übertretungen, sondern auch von dem Unglauben und der

Gleichgültigkeit des Herzens (Joh. 16, 8—11). Diese Wahrheit muß in großer Liebe betont werden; denn es ist vergeblich, vom Trost und von der Freude des Heiligen Geistes zu reden, wenn nicht der Boden dazu geschaffen ist durch Erkenntnis, Bekenntnis und Vergebung der Sünden. Wo aber dieses Hindernis entfernt ist und die Seele im Glauben auf das Lamm Gottes blickt, das unsere Schuld getragen und uns in seine Gerechtigkeit gekleidet hat, da strömt die reine, freie Luft von Gottes Liebe in das Herz und füllt es mit der Freude des Heiligen Geistes.

„Er wird bei euch bleiben ewiglich", hat der Herr den Seinen verheißen (Joh. 14, 16). Und er hat sein Wort erfüllt. Der Heilige Geist ist da. Des Glaubens Ohr hört seine Stimme immerdar. Sie ist tröstend, mahnend, strafend, leitend, aufmunternd, je nachdem wir dessen bedürfen. Sie ist wie jenes stille Säuseln, das Elia einst vernahm. Es ist etwas Echtes, Wahres, Nüchternes. Es läßt sich nicht viel darüber sagen; denn das *Geheimnis* des Herrn ist bei denen, die ihn fürchten. Aber es läßt sich froh und dankbar erfahren und bezeugen. Die Stimme des Heiligen Geistes ist immer *im Einklang mit Gottes Wort.*

Viel Licht und Trost ist eingeschlossen in dem Namen, den der Herr dem verheißenen Stellvertreter gibt. Das Wort *„Paraklet"*, das er braucht, bedeutet *Tröster,* wie es Luther so schön übersetzt hat; aber es bedeutet noch viel mehr, es heißt auch Sachwalter, Fürsprecher, Advokat, Beistand, und jedes dieser Worte birgt eine Fülle von Schätzen, die wir erkennen und im Glauben uns zu eigen machen dürfen. Bei einem dieser Namen möchte ich heute stehenbleiben als bei einer ganz besonderen Freudenquelle: der Heilige Geist ist uns gegeben zum *Beistand.*

Wie einfach und doch wie kostbar ist dieser Name! In den Tagen jugendlicher Kraft hat er uns vielleicht nicht besonders viel gesagt. Aber *jetzt,* jetzt, da unsere Kräfte nachlassen, jetzt, da uns Einsamkeit und Schwachheit oftmals drücken, o wie so wertvoll, wie unentbehrlich ist es, einen *Beistand* in des Wortes schlichtester und realster Bedeutung zu haben: einen, der allezeit bei uns steht, in der Einsamkeit wie mitten in einer lauten Menge; einen, der uns näher ist, als der nächste und liebste Mensch es sein kann; einen, der an unserem Bette sitzt, wenn Krankheit uns schwach und hilflos macht; einen, der uns versteht, wenn Angst und Trübsal uns befallen; einen, der uns stützt und hilft auch im letzten Kampf und Streit! Einen solchen hast du, meine Seele, wenn du in Wahrheit an Jesum Christum glaubst.

*

Wie ein Bächlein, das ein Lamm durchschreiten kann, zum Strom wird, worin ein Elefant schwimmen muß, so geht es mit der gläubigen Erfahrung von der beständigen Gegenwart Gottes im Heiligen Geiste.

Ein zartes Mädchen, das den Heiland innig liebte, verspürte lange Zeit eine unüberwindliche Angst in der Dunkelheit. Eines Abends trat es schüchtern an die Mutter heran und sagte: „Mutti, ich werde mich von nun an nie mehr fürchten, im Finstern zu sein. Ich weiß jetzt ganz gewiß, daß Gott immer dicht bei mir ist.“ Und in der Tat, nie mehr hat eine Spur von Angst das gläubige Kindesherz berühren dürfen.

Ein Arzt, der in unwirtlicher, von rohen Menschen

bevölkerter Gegend lebte und öfter zu entlegen wohnenden Kranken gerufen wurde, erzählt, wie er manchmal mit einem gewissen Bangen im Herzen seine einsamen nächtlichen Fahrten angetreten habe. Aber eines Nachts sei es ihm mit zuvor nie gekannter Zuversicht zu Gemüte geführt worden: „Hier, neben dir, in dem schlichten Doktorwagen sitzt dein Herr unsichtbar, aber fast greifbar gegenwärtig. Darfst du dich fürchten, wenn du ihn hast?“ Und von da an waren die früher oft unheimlichen Fahrten seine schönsten Segensstunden.

Zu einem Evangelisten trat nach einer Predigt, in der von der steten Gegenwart des Heiligen Geistes gesprochen worden war, eine in tiefe Trauer gehüllte, in mittleren Jahren stehende Dame. „Es ist heute der Jahrestag des Todes meines geliebten Mannes“, sagte sie, „und ich kam in die Versammlung mit der Absicht, nachher mit Ihnen zu sprechen und Hilfe zu suchen für mein untröstliches Herz. Aber ich habe nun schon das Wort vernommen, das ich brauche. Die Einsamkeit, das ungestillte Verlangen, vor den Augen meines Gatten zu leben, war mir fast unerträglich. Aber nun werde ich mich nie mehr ganz allein fühlen. Ich will leben und meine täglichen Aufgaben in Gottes Gegenwart erfüllen, als sähe ich den Unsichtbaren und täte alles für ihn.“ Es war nicht eine vorübergehende Befreiung. Nach anderthalb Jahren traf der Knecht des Herrn jene Dame wieder und erkannte sie fast nicht, so friedlich und verklärt sah das einst gramerfüllte Antlitz aus. „Es ist alles wahr geworden, was Sie uns damals verkündigt haben“, sagte sie. „Ist auch der Schmerz des Vermissens geblieben, so ist doch der Trost überschwenglich reich geworden. *Ich fühle mich nicht mehr allein.*“

Ein Missionsreisender in der fernen Südsee erzählt, wie ihn einst in dunkler, stürmischer Nacht, als er ganz allein auf dem Verdeck seines Schiffes auf und ab ging, das Bewußtsein von der Nähe des Trösters so wunderbar ergriffen und beseligt habe, als schreite er an seiner Seite. Diese Erfahrung stärkte ihn für seine Aufgabe und machte ihn zu einem um so freudigeren Zeugen des Evangeliums.

Und was soll ich mehr sagen von den vielen Leidenden, Armen und Betrübten, die es mit und ohne Worte bezeugt haben, was es ist um den *Beistand des Heiligen Geistes?* Ich denke an eine liebe Kreuzträgerin, die bei all dem vielen Leid, das ihr das Leben gebracht hatte, dennoch glücklich und friedevoll blieb. „ Wie ist es nur möglich?“ wurde sie gefragt. Und die Antwort lautete: „Ich halte mich immer *dicht bei ihm!*“ Sie brauchte ihn nicht zu nennen, der ihres Lebens Leben war. Es war der, der verheißen und durch seinen Heiligen Geist es erfüllt hat: „Siehe, ich bin bei euch alle Tage bis an der Welt Ende!“

Es gibt Menschen, in deren Nähe man etwas verspürt von Himmelsluft und Gottesfrieden. Es sind die, in denen sich das Wort erfüllt: „Wer mich liebt, der wird mein Wort halten; und mein Vater wird ihn lieben, und wir werden zu ihm kommen und *Wohnung bei ihm machen*“ (Joh. 14, 23).

O möchten alle meine Leser und alternden Weggenossen dieser tiefinnigen Freude teilhaftig sein und immer mehr werden! Sie ist für alle zu haben. Sie liegt nicht im Gefühl, das muß immer wieder betont werden. sondern im glaubensvollen Hangen am Herrn. *Sie liegt in ihm.*

Drei Schritte führen zum seligen Besitz dieser Gnadengabe:

Ernste *Abkehr von der Sünde* in jeglicher Gestalt, besonders auch vom Eigenwillen, von der Selbstsucht, vom Unglauben und von jeglicher Selbstgerechtigkeit.

Volle *gläubige Übergabe an den Herrn,* der nicht nur die Sünder annimmt und selig macht, sondern auch bei ihnen Einkehr hält und Wohnung in ihnen macht.

Stilles *Bleiben in Jesu,* auf dem Wege willigen Gehorsams im Tun und Leiden seines Willens, in aufrichtiger Liebe gegen Gott und Menschen und in treuem Gebetsumgang mit dem Herrn, von dem allein uns Stunde um Stunde Leben und Seligkeit zufließen.

Je völliger, kindlicher und treuer wir uns den zarten und starken Zügen des Heiligen Geistes hingeben, desto völliger kann er sich in uns erweisen als der Geist der Freude.

# Fürchte dich nicht, glaube nur!

Bist du umhüllt von Nacht und Dunkelheiten
und siehest von dem Wege keine Spur,
so wisse, einer wandelt dir zur Seiten,
dessen durchgrabne Hände treu dich leiten.
So fürchte dich denn nicht und glaube nur!

Ihm darfst du traun. Du sollst nicht mutlos zagen;
ergib dich ihm nur willig in die Kur!
Er kennt dein Herz, ihm kannst du alles sagen,
und bist du matt, so wird sein Arm dich tragen.
So fürchte dich denn nicht und glaube nur!

Er ist bei dir auch in des Leidens Feuer,
der Schmelzer hält in seiner Hand die Uhr.
Es wachet über dir sein Blick, sein treuer:
Nicht brennen soll dein Gold; ihm ist's zu teuer.
So fürchte dich denn nicht und glaube nur!

Dora Rappard

# LICHT IM FINSTERN TAL

> Und ob ich schon wanderte im finstern Tal,
> fürchte ich kein Unglück; denn du bist bei mir.
> **Psalm 23, 4**

*Du bist bei mir!* — Da ist es wieder, das liebe, traute, heilige Wort, das die Dunkelheit licht und das Trauern fröhlich macht.

*Du bist bei mir,* du mein getreuer Hirt — das gibt dem schwachen Schäflein Mut und Zuversicht auch im finstern Tal.

*Du bist bei mir,* mein Abba, der du mit mehr als Vater- und Muttertreue mich trägst — das verscheucht Furcht und Sorge von des Kindes Herz.

*Du bist bei mir,* Heiland meiner Seele! Ich bin geborgen in dir; ich fürchte kein Unglück; dein Stecken und Stab trösten mich. So singt der Glaube angesichts des ernsten Schrittes, der den Erdenpilger hinüberführt in das unbekannte Land der Ewigkeit.

*Du bist bei mir!* Wir brauchen solch einen starken, festen Halt im Tal der Todesschatten. Denn Sterben ist kein Kinderspiel, und das Leben bebt unwillkürlich zurück vor der Berührung des Todes. Aber das ewige Leben überwindet den Tod, und wo der Fürst des Lebens ist, da wird der Tod verschlungen in den Sieg.

Ich führe meine Leser an etliche Sterbebetten aus älterer und neuerer Zeit. Bei der Auswahl des reichen Materials, das mir zur Verfügung stand, habe ich nicht nach besonders auffallenden Bezeugungen überschwenglicher Freude gesucht. Wichtiger war es mir, den sicheren Grund zu zeigen, auf dem der Glaube felsenfest ruhen kann auch in den Fluten des Todes.

*Kaspar Olevianus* († 1587), der Mitbegründer der deutsch-evangelischen Kirche und Mitarbeiter des Heidelberger Katechismus, lag im Sterben; seine Freunde, die Herborner Professoren, standen ihm zur Seite. „Lieber Bruder", fragten sie, „Ihr seid ohne Zweifel Eurer Seligkeit in Christo Jesu gewiß, gleichwie Ihr die anderen gelehrt habt?" Da legte der Sterbende die Hand aufs Herz und sprach mit fester Stimme: „Certissime!" (Ganz gewiß!)

Bischof *Samuel Gobat* von Jerusalem, mein teurer Vater, vollendete (1879) achtzigjährig seinen vielbewegten und reich gesegneten Pilgerlauf. Der Todeskampf war schwer, und der müde Greis lag meist schweigend in seinen Kissen. Eine seiner Töchter sprach leise den 23. Psalm und fragte: „Vater, ist der Hirt bei dir im finstern Tal?" Da erhellte ein frohes Lächeln die matten Züge, und der Sterbende sagte fast heiter: „Ja, gewiß, und *es ist gar nicht dunkel.*"

*Adelaide de Rham* († 1860), eine überzeugungstreue, ehrwürdige Magd des Herrn, versammelte sterbend ihre Kinder und Kindeskinder um ihr Lager und sprach: *„Im Angesicht des Todes sage ich euch: Der Glaube ist eine Realität."*

Der gesegnete Liederdichter *Albert Knapp* († 1864), der der Gemeinde Jesu Christi so viele schöne Lieder hinterlassen hat — ich erinnere nur an das wohlbekannte: „Eines wünsch' ich mir vor allem andern" —, ist auch der Verfasser des erhabenen Himmelfahrtsliedes: „An dein Bluten und Erbleichen", dessen letzte Strophe lautet:

„Eines schenke mir hienieden:
deinen Geist und deinen Frieden
und den Ruhm an meinem Grabe,
daß ich dich geliebet habe!“

Als der teure Mann, den persönlich zu kennen ich noch das Vorrecht gehabt habe, auf dem Sterbebette lag, mahnte ihn sein Sohn an die oben erwähnten Zeilen. Er aber sagte: „Nicht so, mein Sohn, ich habe nur den Ruhm an meinem Grabe, daß *er mich* geliebet habe!“

In ein großes Spital wurde eine betagte Kranke eingeliefert. Die leitende Schwester sah mit geübtem Blick, daß die Stunden der Greisin gezählt seien, und teilte ihren Eindruck dem Anstaltsgeistlichen mit. Dieser war ein gewissenhafter und gläubiger junger Mann und wollte keine Zeit versäumen, seinem seelsorgerlichen Beruf nachzukommen. Er setzte sich an das Bett der alten Frau, und es wurde ihm nicht schwer, das Gespräch auf den Gegenstand zu lenken, der ihm am Herzen lag. Denn die Kranke fing von selbst an: „Ich weiß, daß ich bald sterben werde.“

„Ist Ihnen bange, liebe Frau?“ fragte teilnehmend der Freund.

„O nein, ich habe gar keine Furcht“, erwiderte sie.

„Worauf gründet sich Ihre Zuversicht?“ fragte der Geistliche etwas zaghaft.

*„Auf die Gerechtigkeit Gottes“*, klang die verblüffende Antwort.

Der junge Mann erschrak und fürchtete, eine in der Selbstgerechtigkeit verstrickte Seele vor sich zu haben. Aber noch ehe er eine weitere Frage stellen konnte, fuhr die Alte fort: „Der Herr hat unser aller Sünde auf Jesum geworfen. Die Strafe lag auf ihm, auf daß wir

Frieden hätten, und durch seine Wunden sind wir geheilt. Er hat auch meine Sünden getragen, und Gott ist zu *gerecht*, als daß er nochmals die Zahlung fordern würde, die mein Erlöser schon für mich geleistet hat."

Das war alles so klar und in so demütigem und doch freudigem Tone gesagt, daß es dem jungen Seelsorger außerordentlich wohltat. Er bekannte später, daß er an diesem Sterbebett die wirksamste Lektion praktischer Glaubenslehre erhalten habe. Noch einige Male konnte er sich mit der bibelfesten, glaubensfrohen alten Christin unterhalten, dann ging sie ganz still heim.

Ähnlich war's beim Sterben eines tauben Jünglings, dem der Herr das innere Ohr geöffnet und das ganze Herz gewonnen hatte. Auch er wurde im Angesicht des Todes gefragt, ob ihm der Gedanke an seine Sünden bange mache. „Nein, Gott sei Dank", sagte er mit charakteristischem Kopfschütteln, *„die Rechnung ist quittiert! Jesus Christus hat sie bezahlt mit seinem Blut."*

*C. H. Spurgeon († 1892),* dessen geistvolle Predigten zu Tausenden in der ganzen Welt verbreitet worden sind, sagte kurz vor seinem Ende: „Auf vier Worte baue ich meine ganze Theologie: *Jesus starb für mich!* Ich habe in meinem Leben über vielerlei Texte gepredigt. aber dieser eine reicht aus für das Sterben."

Beinahe mit den gleichen Worten legte *Curt von Knobelsdorff* († 1904), der tapfere Vorkämpfer in den Reihen des Blauen Kreuzes und begeisterte Verkündiger des Kreuzes von Golgatha, sein letztes Zeugnis ab: *„Jesus starb für mich!* Das ist so einfach. Mit meinen Sünden habe ich gar nichts mehr zu tun, die hat der Herr alle in das Meer geworfen."

Köstlich war der Schwanengesang der gottbegnadeten Dichterin *F. R. Havergal* († 1897). Nur wenige Tage dauerte ihre letzte Krankheit. Als man ihr mitteilte, daß für ihr irdisches Leben keine Hoffnung mehr sei, rief sie mit freudigem Erstaunen aus: „Das ist fast zu gut, um wahr zu sein!" Als die letzte Stunde kam und ihre Geschwister alle um ihr Bett versammelt waren, bat sie um ein einziges Lied und stimmte selbst an mit einer hellen, hohen Note: *„Er."* Da wurde sie durch einen heftigen Krampfanfall unterbrochen. Das Lied blieb hienieden unvollendet. Wie mag es weitergeklungen haben im höheren Chor!

Etwas ausführlichere Mitteilungen seien mir noch gestattet über die letzten Tage eines Gottesmannes, den ich zu meinem Segen nicht lange vor seinem Ende (1869) kennenlernen durfte, des Pfarrers *Johannes Burckhardt* von Schaffhausen. Manches seiner Worte hat mir sehr gedient. „Durch die Kraft des Todeskampfes Jesu", äußerte er einmal, „brechen wir durch alle Täler des Schreckens hindurch." — „Wie ernst ist es, an der Schwelle der Ewigkeit zu stehen", sagte er, zu den Seinen gewandt; „es gilt zu schaffen, daß wir selig werden, mit Furcht und Zittern. — Ach, wenn ihr wüßtet, was es ist, wenn der Herr sich zu einem bekennt auf dem Sterbebett!"

„Es ist köstlich, ganz ins Element des Erbarmens gesetzt zu sein!" rief er einmal aus. Und ein anderes Mal: „Gott gibt seinem Kinde viel Trost und Freude in *Leiden eingewickelt.*"

Das Lied „Wie wohl ist mir, o Freund der Seele!" war ihm besonders köstlich. Mehr als einmal verweilte er bei den Worten: *„Die Liebe strahlt aus seiner Brust."*

„Jesus ist an mir stets unwandelbar treu gewesen“, bezeugte er.

Er freute sich an den Worten des Heidelberger Katechismus: „In Christo sieht mich Gott an, als ob ich gar keine Sünde begangen hätte.“

„Mit *einem* Opfer hat Christus unsere Seligkeit auf ewig vollendet. Wir können nichts hinzutun. — Es ist nichts, was zwischen mich und meinen Heiland und meine Seligkeit treten könnte. Halleluja!“

Das waren seine letzten Worte; dann hatte er überwunden.

*

O Freunde! *Es ist etwas, des Heilands sein!* Es ist etwas Wesenhaftes, in der Gemeinschaft des lebendigen Gottes zu stehen und *zu schmecken die Kräfte der zukünftigen Welt* (Hebr. 6, 5), ob es nun in stiller Verborgenheit geschieht oder in solch sieghafter Freude wie im letztgeschilderten Falle.

Aber um so zu sterben, muß man so leben.

> Denn der ist zum Sterben fertig,
> der sich lebend zu dir hält.

Laßt uns die stillen, heiligen Stunden unseres Lebensabends dazu benützen, unseren Beruf und unsere Erwählung festzumachen, daß wir nicht straucheln, sondern uns reichlich dargereicht werde der Eingang in das ewige Reich unseres Herrn und Heilands Jesu Christi!

Wer heimkommen will ins himmlische Vaterhaus, muß auf des Vaters Weg und an des Vaters Hand dahin streben. Eine gar liebliche Kindergeschichte möchte ich mitten in die ernsten Gedanken dieses Kapitels einflechten. Eine christliche Mutter hörte einst zu, wie ihre

Kinder sich gegenseitig biblische Geschichten erzählten. Sie waren auf Henoch zu sprechen gekommen, und das ältere Kind belehrte das jüngere sehr nachdrücklich: „Henoch hatte Gott sehr lieb und wollte immer bei ihm sein und mit ihm spazierengehen." (So hatte sich dem kindlichen Gemüt das „Wandeln mit Gott" dargestellt.) „Und eines Tages kamen sie auf ihrem Gang so weit, daß sie ganz nahe bei der Tür des Himmels anlangten. Da sagte Gott: ‚Henoch, nun bist du so weit mit mir gekommen, nun darfst du auch gerade mit mir hineingehen.'"

*

Es wäre vielleicht am Platze gewesen, an dieser Stelle zu sprechen von physischen und psychischen Erscheinungen, die sich beim Sterben kundgeben. Ich hatte auch beabsichtigt, es zu tun, und habe manches Interessante darüber gesammelt und gelesen, was mir wertvoll gewesen ist, und zwar sowohl beim Entschlafen von Gotteskindern als auch von Kindern dieser Welt. Aber ich habe erkannt, daß solche Beobachtungen, die zum Teil auf den Mitteilungen scheintot gewesener oder sehr nervös veranlagter Personen beruhen, nicht in den Rahmen dieses Buches passen. Denn um wirklich von Nutzen zu sein, müßte viel eingehender über dieses Thema gesprochen werden, als der Raum es gestattet und als — meine Fähigkeiten es vermögen. Gewiß werden wir über vieles staunen, was uns die Ewigkeit enthüllen wird auch in der Stunde des Abscheidens aus dieser Zeit. Aber dem Christenherzen gibt das göttliche Wort vollkommene Ruhe: „Ich bin *gewiß*, daß weder *Tod* noch *Leben*, weder Engel noch Fürstentümer noch Gewalten, weder Gegenwärtiges noch Zukünftiges, weder

Hohes noch Tiefes, noch keine andere Kreatur mag uns scheiden von der Liebe Gottes, die in Christo Jesu ist, unserem Herrn."

Ja, göttliche Zusagen, *Felsenworte* müssen wir haben, wenn uns die Fluten umrauschen. Gefühle schwanken, aber der Ankergrund der göttlichen Wahrheit bleibt unbeweglich stehen. So sagte einst ein Christ nach einer Stunde schwerer Anfechtung: „Ich habe wohl gezittert auf dem Felsen; aber der Fels hat niemals gezittert unter mir."

Solch ein *Felsenwort* ist jenes gewißlich wahre und aller Annahme werte Wort, „daß Christus Jesus gekommen ist in die Welt, die Sünder selig zu machen, unter welchen ich der vornehmste bin" (1. Tim. 1, 15).

Ein Felsenwort ist auch die starke Heilandszusage: „Wer zu mir kommt, den werde ich nimmermehr hinausstoßen" (Joh. 6, 37). Auf dies Wort darf sich der Ärmste und Elendeste verlassen, wenn er nur wirklich zu Jesus kommt. Auf dies Wort aber stützte sich auch ein heiliger Gottesmann, dem ein junger Amtsbruder mit überwallendem Gefühl sagen wollte, welch ein Werkzeug des Segens er für viele gewesen sei. „O rede nicht davon, mein Bruder", sagte der Sterbende. „Nicht auf irgend etwas, was ich getan habe, kann ich mit Freuden blicken, sondern nur darauf, daß Jesus keinen hinausstößt, der zu ihm kommt."

Anderen, denen der Verkläger der Brüder oder ihr eigen Herz oder auch die treue Stimme des Heiligen Geistes bange machte, sie hätten sich bisher über sich selbst getäuscht und wären nie in Wahrheit bekehrt worden, tönt das Wort entgegen: „Siehe, *heute* ist der Tag des Heils, *jetzt* ist die angenehme Zeit! Heute komm, heute nimmt dich Jesus an!" Wer diese Stimme hört und ihr folgt und mitten aus den tobenden Wellen der Furcht und der Selbstanklage dieses Rettungsseil ergreift, der fühlt sich in der Tat wie einer, der auf *Felsengrund* steht.

Und wie wunderbar umfassend ist das Wort: „Gott will, daß *allen Menschen* geholfen werde"! Und abermals: „Jesus Christus ist die Versöhnung für unsere Sünden, nicht allein aber für die unseren, sondern auch für die *der ganzen Welt.*"

Sein Blut, der edle Saft,
hat eine solche Kraft,
daß auch ein Tröpflein kleine
die ganze Welt kann reine,
ja, aus des Teufels Rachen
kann frei und ledig machen.

Wir dürfen getrost dem Zeugnis des Gottesmannes Johannes Seitz beistimmen: „Keinen einzigen Menschen gibt es auf der Welt, der nicht erkauft wäre durch das Blut des Lammes. Man darf jedem Sünder sagen: Du bist versöhnt, du bist erlöst!" — Ach, daß so viele diese wundervolle Botschaft nicht annehmen und darum ihre Kraft und Seligkeit nicht erfahren!

Wer kann es aussprechen, welche Kraft dem Worte entquillt: „Das Blut Jesu Christi, des Sohnes Gottes, macht uns rein von aller Sünde"! Das ist ein *Felsenwort,* auf dem die zagende Seele vollkommene Ruhe findet. Hier ist das Alpha des Glaubenslebens: „Er hat uns geliebt und gewaschen von unseren Sünden mit seinem Blut." Hier ist auch das Omega; denn von den Siegern vor Gottes Thron heißt es: „Sie haben ihre

Kleider gewaschen und haben ihre Kleider helle gemacht im Blute des Lammes.“

Ein *Felsenwort* ist auch der göttliche Zuruf: „Fürchte dich nicht, denn ich habe dich erlöst! Ich habe dich bei deinem Namen gerufen: *Du bist mein!* So du durchs Wasser gehst, will ich bei dir sein, daß dich die Ströme nicht sollen ersäufen, und so du ins Feuer gehest, sollst du nicht brennen; denn ich bin der Herr, dein Heiland“ (Jes. 43, 1—3).

Tausende haben die Wahrheit dieser und ähnlicher Gottesworte erprobt. Auf diese Felsen stellten sie ihren Fuß und blieben in tiefem Frieden. Es erfüllte sich an ihnen buchstäblich das schöne Wort: „Mors janua vitae“ (Der Tod ist das Tor des Lebens).

Ein schmaler Weg, ein dunkler Steg,
und dann sind wir zu Haus!

# UNAUSSPRECHLICHE UND HERRLICHE FREUDE

**Ist das Glauben schon selig,**
**was muß das Schauen sein!**

*Ja, was muß das Schauen sein!*

Ich hatte mich schon lange auf das Schreiben dieses Abschnitts gefreut. Die unaussprechliche und herrliche Freude, von der Petrus in diesen überzeugten und leuchtenden Worten schreibt (1. Petr. 1, 8), war mir oft so faßlich, so nahe, daß es mir vorkam, es müsse ganz leicht und wonnig sein, davon zu zeugen. Aber siehe da, heute, da ich an die schöne Aufgabe herantreten will, ist alles ganz still in mir. Ich finde die Worte nicht, um in würdiger Weise davon zu reden, und möchte am liebsten schweigen und mit Mose bitten: „Herr, laß mich — *laß uns* — deine Herrlichkeit sehen!“ In der Felsenkluft geborgen, laß uns Blicke tun in das Land der vollkommenen Freude! (Siehe 2. Mose 33, 18—22!) Denn die Himmelshoffnung gehört wesentlich mit zu einem *frohen Alter.* Wer Jesum hat, geht nicht der Nacht, sondern dem ewigen Tage entgegen.

Das Wort Gottes, das im Dunkel dieser Erde unseres Fußes Leuchte ist, gibt uns auch helles Licht über das Jenseits. Es sind freilich nur vereinzelte Strahlen, aber sie genügen, um Glaube, Liebe und Hoffnung mächtig anzufachen. Manche dieser Worte sind dir gar wohlbekannt, lieber Leser, aber schaue sie dir doch immer wieder an und versenke dich darein! Sie werden dir immer mehr Licht geben und dir ein Ansporn sein, das

Kleinod fest ins Auge zu fassen und mit vollem Entschluß danach zu laufen.

„Die Erlösten des Herrn“, so sagt das prophetische Wort, „werden wiederkommen mit Jauchzen; ewige Freude wird über ihrem Haupte sein. Freude und Wonne werden sie *ergreifen*, und Schmerz und Seufzen werden entfliehen.“ (Jes. 35, 10). Dieses Ergriffensein von Freude, dieses Heimkehren mit Jauchzen, dieses Entfliehen allen Schmerzes, was mag das alles in sich schließen!

Überaus köstlich ist des Heilands eignes Wort: „In meines Vaters Hause sind viele Wohnungen. Ich gehe hin, euch die Stätte zu bereiten, und ich will wiederkommen und euch zu mir nehmen, auf daß ihr seid, wo ich bin.“ (Joh. 14, 2. 3).

Paulus, Petrus und Johannes stimmen überein in ihren Zeugnissen von der unaussprechlichen und herrlichen Freude, die das Erbteil der Erlösten sein wird, und durch das ganze Buch der Offenbarung schimmert es trotz der Gerichte und Trübsale, die noch kommen sollen, vom Glanz der Ewigkeit. Wir *dürfen* uns daran laben. Wir *dürfen* und *sollen* uns darauf freuen. Solche Freude stärkt den Mut. Sie setzt uns den Helm der Hoffnung auf das Haupt, daß wir fröhlich einstimmen können in das schöne Lied:

„Ich bin zufrieden,
daß ich die Stadt gesehn,
und ohn' Ermüden
will ich ihr näher gehn
und ihre hellen, goldnen Gassen
lebenslang nie aus den Augen lassen.“

*

Wir haben hie keine bleibende Stadt, sondern die zukünftige suchen wir. Ebr. 13. 14.

In dem vorigen Abschnitt habe ich, wie es auch der Titel nahelegte, ausschließlich gesprochen von dem Wege, der den Erdenpilger durch das Tal der Todesschatten hinüberführt in das Land des Lichts. Aber ich habe nicht vergessen und will es nicht vergessen, daß es von den ersten Zeiten der christlichen Kirche an deren „selige Hoffnung“ gewesen ist, die von Engelmund verheißene persönliche Rückkehr des Herrn Jesus zu erleben. Jahrhundert um Jahrhundert ist vergangen, und noch gilt es zu warten. Petrus aber belehrt uns: „Eins aber sei euch unverhalten, ihr Lieben, daß ein Tag vor dem Herrn ist wie tausend Jahre und tausend Jahre wie ein Tag. Der Herr verzieht nicht die Verheißung, wie es etliche für einen Verzug achten, sondern er hat Geduld mit uns und will nicht, daß jemand verloren gehe, sondern daß sich jedermann zur Buße kehre“ (2. Petr. 3, 8. 9). Aber die Zeichen mehren sich, die es andeuten, daß die Zukunft des Herrn nahe ist. Zeit und Stunde kennen wir nicht. Der Herr hat es in seiner Weisheit verborgen, damit seine Gemeinde als eine harrende Braut *allezeit* bereit sei, den Bräutigam mit Jubelschall zu empfangen.

Ob in den Wolken ich dich kommen sehe
in deiner großen Kraft und Herrlichkeit,
ob durch des Todes Tor ich zu dir gehe,
eins ist es, was ich täglich mir erflehe:
Herr, laß mich sein bereit!

Geborgen in der Freistatt deiner Wunden,
von aller Sünde Schuld und Macht befreit,
da laß mich bleiben alle Tag' und Stunden,
daß, wenn du kommst, ich werd' in dir erfunden,
gereinigt und bereit!

Ob abends, ob in dunkler Nächte Mitte,
ob morgens, wenn der Hahn den Weckruf schreit,
ob lichten Tags ich höre deine Schritte —
eins ist es, was ich täglich mir erbitte:
Herr, laß mich sein bereit!

*

Der Gipfelpunkt, ja der Inbegriff der Freude ist für den Erlösten der Anblick und die Nähe seines Erlösers. Weide dich, meine Seele, an dem hehren Gedanken: Du wirst deinen Heiland sehen, *sehen,* wirst zu seinen Füßen niederfallen und rufen: „Mein Herr und mein Gott!" Da wird dein tiefstes Sehnen erfüllt werden. Du wirst schauen sein Antlitz in Gerechtigkeit und wirst *satt sein* — all dein Hungern und Dürsten wird vollkommen gestillt sein — an seinem Bilde (Ps. 17, 15).

*Bei Christo!* Diese Worte erinnern mich an eine der beweglichsten Stunden meines ganzen Lebens: Ich saß am Sterbebette meines heißgeliebten ältesten Sohnes August. Nach längerem Auf- und Niederschwanken hatte die Krankheit, eine Blinddarmentzündung, eine schlimme Wendung genommen und den teuren Sohn unerwartet rasch an des Todes Rand gebracht. Er nahm die Mitteilung über seinen Zustand still und ernst auf und sagte mit einem unvergeßlichen Aufschlag seiner lieben blauen Augen: „So will ich mein Abendgebet beten:

Christi Blut und Gerechtigkeit,
das ist mein Schmuck und Ehrenkleid!"

Es gingen noch mehrere Tage vorbei, und die Hoffnung wollte wieder stärker aufleuchten. Der Kranke selbst täuschte sich wohl nicht. Er lag meist schweigend da, auf das, was ihm gesagt und gelesen wurde, mit regem Geiste horchend. Eines Tages lag ein stummes Fragen auf den teuren Zügen, und mit schwacher Stimme sagte er: „Mutter, mich beschäftigt der Gedanke, was mit mir sein wird im Augenblick des Sterbens. Jetzt sitzt du bei mir, hältst meine Hand in der deinen, lächelst mich liebreich an, und plötzlich wird das alles verschwunden sein. Wo werde ich mich dann befinden?"

Vor großer Bewegung fand ich wohl nicht gleich das ganz richtige Wort. August lag still da, den Blick fragend auf mich gerichtet. Da leuchteten mir wie ein heller Schein die Worte des Apostels Paulus entgegen: *„abscheiden"* und *„bei Christo sein"*. Diese beiden Begriffe waren für Paulus gleichbedeutend. Sie sind es auch für das schwächste Gotteskind. Wer in Jesu stirbt, wird in Jesu sein beim Erwachen.

„O, das ist's, das ist's!" flüsterte die liebe, müde Stimme. „Ich brauche nichts weiter!"

Bei Christo! Gewiß liegen vor uns noch Tiefen der Erkenntnis, die wir jetzt gar nicht zu ergründen vermögen; aber alles, was wir zu wissen brauchen, ist zusammengefaßt in diesen zwei Worten.

Das müde oder geängstete Kindlein hat nur das eine Verlangen, *bei der Mutter* zu sein. Die Braut hat keinen sehnlicheren Wunsch als den, *beim Bräutigam* zu weilen. Und das Herz, das Jesum kennt und liebt, weiß für Zeit und Ewigkeit nichts Seligeres, als *bei Christo* zu sein.

Dies Los ward auch dem Schächer zuteil, der in wahrer Buße und in einfältigem Glauben sich zu dem am Kreuze neben ihm hängenden Heiland wandte mit der zuversichtlichen Bitte: „Herr, gedenke an mich, wenn du in dein Reich kommst!“ und die Zusage erhielt: „Heute wirst du *mit mir* im Paradiese sein!“

*

Aus diesem letztgenannten Wort fällt ein weiterer Strahl der Herrlichkeit in das Dunkel dieser Zeit. Es sagt uns, wohin die Seelen der in Jesu Entschlafenen kommen, wenn sie den Erdenbanden entflohen sind, nämlich in das *Paradies*. Wir haben uns da nicht sowohl einen begrenzten Raum als einen Zustand zu denken, eine selige Ruhe bei Jesu im Licht. So hat ein Knak in froher Ahnung und mit richtiger Wahl des Ausdrucks gesungen:

„Paradies, Paradies,
wie ist deine Frucht so süß!
Unter deinen Lebensbäumen
wird uns sein, als ob wir träumen.
Bring uns, Herr, ins Paradies!“

Schon der gewöhnliche Sprachgebrauch weist hin auf die Herrlichkeit dieses Aufenthaltsortes. Man spricht von *paradiesischer* Schönheit, *paradiesischer* Ruhe. Aber es wird ohne Zweifel alle unsere Erwartungen weit übertreffen. Denn: „Was kein Auge gesehen und kein Ohr gehört und in keines Menschen Herz gekommen ist, das hat Gott denen bereitet, die ihn lieben.“

Was wird es sein, dort zusammenzutreffen mit den Heiligen aller Zeiten, mit den Glaubenshelden, die als eine Wolke von Zeugen uns vorangeleuchtet haben in unserem Glaubenslauf!

Was mag es sein, die Teuren wiederzusehen, die wir in Jesu hier geliebt und bitter einst beweint, die Brüder und Schwestern, mit denen wir Gemeinschaft gehabt haben im Lande der Wallfahrt, und die wir nun wiederfinden im Hause des Vaters!

Was wird es sein, triumphierend zu stehen über jeder Regung der Sünde, erlöst von jedem Zweifel, von jeder Angst, von jeder Sorge, rein und frei und ganz vollkommen und verklärt in Jesu Bild!

Ob sich für die in Jesu Entschlafenen eine Tätigkeit ergeben wird in der jenseitigen Welt, kann aus der Heiligen Schrift nicht klar bewiesen werden. Es ist aber die Überzeugung vieler treuer Gottesmänner in alter und neuerer Zeit gewesen, daß es also sein wird. Denn die Seligkeit der Erlösten ist der Dienst für ihren Herrn.

O was wird das für Freude sein!

*

Aber Gottes Wort stellt uns eine noch herrlichere Vollendung vor Augen: die *Auferstehung.* Christus ist auferstanden von den Toten und der Erstling geworden unter denen, die da schlafen. Jubelnd ruft der Dichter aus:

„Auferstehn, ja, auferstehn wirst du,
mein Staub, nach kurzer Ruh'.
Unsterblich Leben
wird, der dich schuf, dir geben.
Halleluja!"

Der Gott, der in Baum und Strauch die Kräfte gelegt hat, in jedem Frühjahr aus dem Todesschlaf des Winters zu erwachen und sich mit neuem Grün zu schmükken, will auch sein edelstes Geschöpf, den Menschen, durch zeitweiliges Sterben zu neuem Leben führen. Als ich, die ich im Orient auferzogen worden war, wo der

Wechsel der Jahreszeiten nicht so deutlich hervortritt wie bei uns, zum ersten Male das Wiedererwachen der Natur in den ersten Apriltagen erlebte, war ich so überwältigt, daß ich ausrief: „O wer kann denn noch an der Auferstehung zweifeln?"

Noch ergreifender ist das Wunder des Saatkorns, das sterben und in der Erde verwesen muß, um hernach in goldener Frucht wiederzuerstehen. Und welch ein Wunder ist die Verwandlung der armen Raupe, die aus ihrer todesähnlichen Einsargung als leuchtender Schmetterling erwacht! Ein Wunder ist es auch, daß aus der schwarzen, harten Kohle durch die Gluthitze des Feuerofens der feine, unsichtbare Stoff gewonnen wird, der als Gas Licht und Glanz verbreitet.

Wird das nicht Freude sein,
wenn, was der Tod entnommen,
uns wird entgegenkommen
und jauchzend holen ein?

Die Auferstehung wird das Signal sein für das Hereinbrechen der herrlichen Vollendung des Ratschlusses Gottes zum Heil des Menschengeschlechts. Dann wird sich ganz erfüllen, was die letzten Kapitel der Offenbarung uns beschreiben. „Ich sah die heilige Stadt, das neue Jerusalem, herabfahren, bereitet als eine geschmückte Braut ihrem Manne", so heißt es da. Und dann folgt die ganze wunderbare Beschreibung der Stadt Gottes, von der wir singen: *„Du bist mein Ziel, erhabne Gottesstadt!"* Ihrer haben sich die Erzväter schon im Glauben getröstet und bekannt, daß sie ein Vaterland suchten (Hebr. 11, 14). Das Licht der Stadt ist gleich dem alleredelsten Steine, einem hellen Diamant. Ihre Tore sind zwölf Perlen, ein jegliches Tor von einer Perle. Die Gassen aber der Stadt sind lauter Gold, durchsichtig wie Kristall. — O, wie versteht man es, daß bei all dieser Klarheit und Reinheit der erste Satz steht: „Es wird nicht hineingehen irgendein Gemeines, und das da Greuel tut und Lügen, sondern die geschrieben sind im Lebensbuche des Lammes."

Und weiter heißt es: „Seine Knechte werden ihm dienen und sehen sein Angesicht, und sein Name wird an ihren Stirnen sein." Wahrlich, da ist *Freude die Fülle* und liebliches Wesen immer und ewiglich.

Macht der Blick auf das Kleinod dein Herz nicht wallen, lieber Leser? Weckt er nicht in unseren Herzen das Echo:

> Drum, wer wollte sonst was lieben
> und sich nicht beständig üben,
> dieses Königs Freund zu sein?
> Muß man gleich dabei was leiden,
> sich von allen Dingen scheiden,
> bringt's ein Tag doch wieder ein.

Und nun, den Hauptinhalt dieses Buches noch einmal zusammenfassend, möchte ich sagen: Das Geheimnis eines frohen Alters ist *wahre Vereinigung mit Gott im Glauben* an unseren Heiland Jesus Christus und im *Gehorsam* gegen die Zucht des Heiligen Geistes. Es ist dies ja auch das Geheimnis einer reinen, schönen Jugend und eines kraftvollen, fruchtbaren Lebenswerkes.

Unsere Vergangenheit unter Jesu Blut, unsere Zukunft in seinen Händen, unsere Sorgen auf seinen Schultern, unsere Bitten in seinem Herzen, das gibt Ruhe, das macht still und *froh.*

*Von derselben Autorin erschien:*

# Sprich Du zu mir

## Tägliche Andachten

384 Seiten. ABCteam-Geschenkband. 14. Auflage

Dora Rappard, die „Mutter von St. Chrischona“, hat in diesem Buch, das schon in der 14. Auflage erscheint, kurze Andachten zu jedem Tag des Jahres veröffentlicht. Der Bibeltext zu jedem Tag ist ausgedruckt, die Andachten sind anschaulich. Sie enden mit einem kurzen Gebet. Dora Rappard bezeichnet diese Andachten selbst als „ein Stück Brot“ für jeden Tag, „einen Schluck Wasser“ und wünscht sich, daß der Leser weiter betend über das Bibelwort nachdenkt.

*Zur Ermutigung und zur Freude –*
*Bücher von Kurt Heimbucher*

## Weil Du bei mir bist

Für Zeiten der Krankheit

48 Seiten. Durchgehend vierfarbig illustriert.
ABCteam-Geschenkband. 7. Auflage.

Daß die Tage der Krankheit auch hilfreich und ausgefüllt sein können, hat Kurt Heimbucher in eigenen Krankheitstagen erfahren. Er möchte in seinem Buch allen Kranken und Leidtragenden Trost und Hilfe zusprechen und versuchen, eine Antwort auf ihre Fragen zu geben.

## Dafür will ich Dir danken

48 Seiten. Durchgehend vierfarbig illustriert.
ABCteam-Geschenkband. 5. Auflage.

## Ich will dich trösten

Für Zeiten der Trauer

48 Seiten. Durchgehend vierfarbig illustriert.
ABCteam-Geschenkband. 3. Auflage.

## Weil wir die Stille brauchen

64 Seiten. Durchgehend vierfarbig illustriert.
ABCteam-Geschenkband. 3. Auflage

Kurt Heimbucher lädt dazu ein, trotz Termindruck und zahlreicher Verpflichtungen bewußt Oasen der Stille zu suchen.
Eine neue Gelassenheit und Heiterkeit, ein neuer Blick für sich selbst und seine Mitmenschen, ein schöpferischer Abstand zu den Alltagsfragen werden das Ergebnis sein.